人生の扉を開く50の言葉

★

50 inspirational movies that will change your life

その悩みの答え、アカデミー賞映画にあります

山下トシキ

清流出版

contents

仕事に行き詰まったら シネマ

恋愛&人間関係で悩んだら シネマ

人生に迷ったらシネマ

ドンマイ! ノミネート・シネマ

レコメンド・シネマ

はじめに

人との出会いが人生を変えるように、1本のかけがえのない映画との出会いによって“人生の彩(いろど)り”が一変する、そんな素敵なことが起こります。

本書は映画の中に散りばめられた「セリフ＝言葉」に注目し、日々の生活に役立つ“メッセージ”として読み解いていこうとするものです。人生の岐路に立ち、進むべき道に迷っているアナタ、困難に向かって頑張り続けているアナタ、そして闘うことにちょっとだけ疲れてしまっているアナタ…。そんな皆さんの心に寄り添いながら、そっと背中を押してくれる優しい言葉がきっと見つかるはずです。

観る者がその時立っている場所から、それぞれの視点で作品を眺めることができるのも、映画の魅力のひとつです。もしかすると昔観た思い出の作品も、ご自身の内面変化によって以前とは全く違った見え方をするかもしれません。未見の方はもちろん、すでに観た方はもう一度、作品のより深い部分に触れる機会となれば幸いです。

この本を手に取ってくださった皆さんが、人生において忘れることのできない“かけがえのない1本”と出会えることを、心から願っています。

本書の読み方

作品タイトル

あらすじ

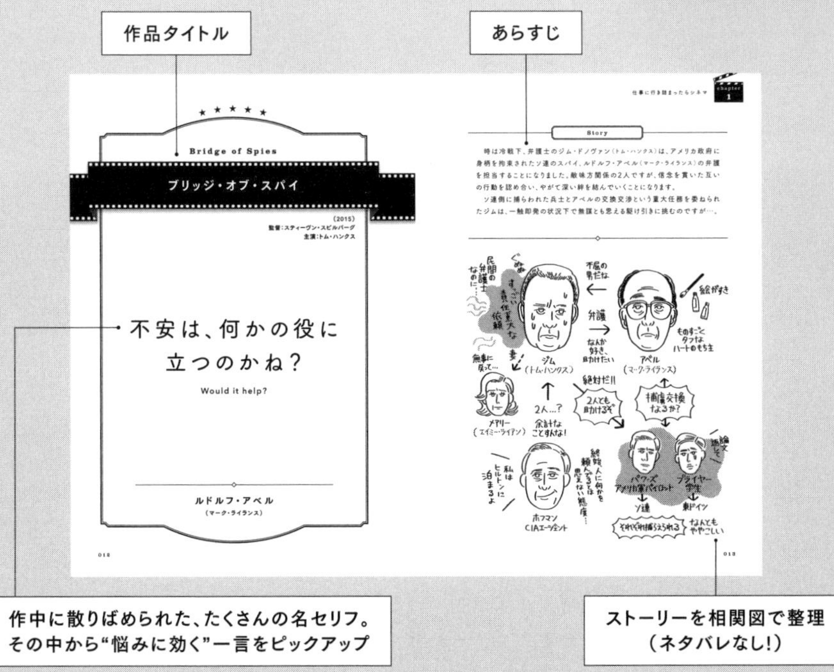

★★★★★

Bridge of Spies

ブリッジ・オブ・スパイ

(2015)
監督:スティーヴン・スピルバーグ
主演:トム・ハンクス

不安は、何かの役に立つのかね?

Would it help?

ルドルフ・アベル
(マーク・ライランス)

Story

時は冷戦下、弁護士のジム・ドノヴァン(トム・ハンクス)は、アメリカ政府に身柄を拘束されたソ連のスパイ、ルドルフ・アベル(マーク・ライランス)の弁護を担当することになりました。敵味方関係の2人ですが、信念を貫いた互いの行動を認め合い、やがて深い絆を結んでいくことになります。

ソ連側に捕らわれた兵士とアベルの交換交渉という重大任務を委ねられたジムは、一触即発の状況下で無謀とも思える駆け引きに挑むのですが…。

作中に散りばめられた、たくさんの名セリフ。その中から"悩みに効く"一言をピックアップ

ストーリーを相関図で整理(ネタバレなし!)

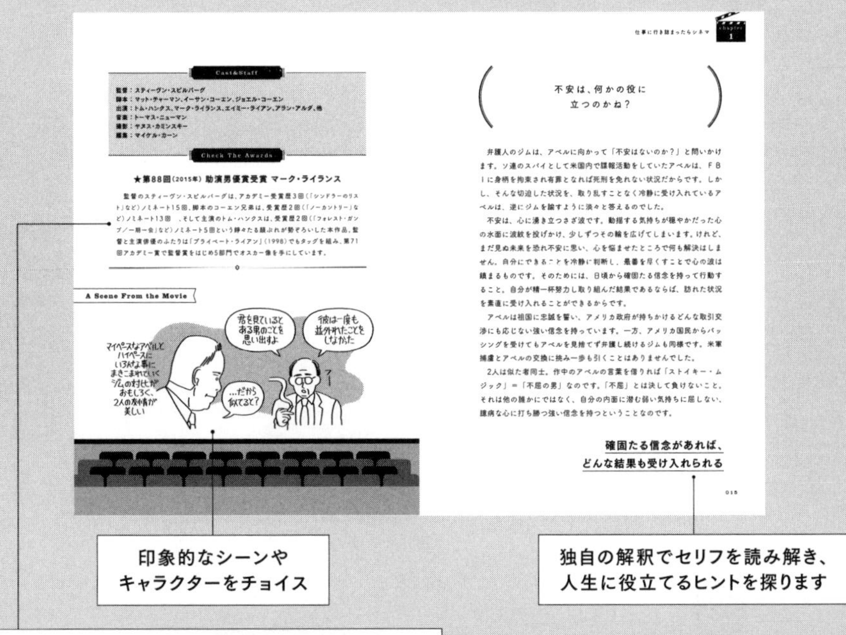

Cast&Staff

監督:スティーヴン・スピルバーグ
脚本:マット・チャーマン、イーサン・コーエン、ジョエル・コーエン
出演:トム・ハンクス、マーク・ライランス、エイミー・ライアン、アラン・アルダ、他
音楽:トーマス・ニューマン
撮影:ヤヌス・カミンスキー
編集:マイケル・カーン

Check The Awards

★第88回(2015年) 助演男優賞受賞 マーク・ライランス

監督のスティーヴン・スピルバーグは、アカデミー受賞歴3回(「シンドラーのリスト」など)ノミネート15回、脚本のコーエン兄弟は、受賞歴2回(「ノーカントリー」など)ノミネート13回　、そして主演のトム・ハンクスは、受賞歴2回(「フォレスト・ガンプ/一期一会」など)ノミネート5回という錚々たる顔ぶれが勢ぞろいした本作品。監督と主演俳優のふたりは「プライベート・ライアン」(1998)でもタッグを組み、第71回アカデミー賞で監督賞をはじめ5部門でオスカー像を手にしています。

A Scene From the Movie

不安は、何かの役に立つのかね?

弁護人のジムは、アベルに向かって「不安はないのか?」と問いかけます。ソ連のスパイとして米国内で諜報活動をしていたアベルは、FBIに身柄を拘束され有罪となれば死刑を免れない状況だからです。しかし、そんな切迫した状況を、取り乱すことなく冷静に受け入れているアベルは、逆にジムを諭すように淡々と答えるのでした。

不安は、心に湧き立つさざ波です。動揺する気持ちが穏やかだった心の水面に波紋を投げかけ、少しずつその輪を広げてしまいます。けれど、まだ見ぬ未来を恐れ不安に思い、心を悩ませたところで何も解決はしません。自分にできることを冷静に判断し、最善を尽くすことで心の波は鎮まるものです。そのためには、日頃から確固たる信念を持って行動すること。自分が精一杯努力し取り組んだ結果であるならば、訪れた状況を素直に受け入れることができるからです。

アベルは祖国に忠誠を誓い、アメリカ政府が持ちかけるどんな取引交渉にも応じない強い信念を持っています。一方、アメリカ国民からバッシングを受けてもアベルを見捨てず弁護し続けるジムも同様です。米軍捕虜とアベルの交換に挑み一歩も引くことはありませんでした。

2人は似た者同士。作中のアベルの言葉を借りれば「ストイキー・ムジック」=「不屈の男」なのです。「不屈」とは決して負けないこと。それは他の誰かにではなく、自分の内面に潜む弱い気持ちに屈しない、臆病な心に打ち勝つ強い信念を持つということなのです。

確固たる信念があれば、どんな結果も受け入れられる

印象的なシーンやキャラクターをチョイス

独自の解釈でセリフを読み解き、人生に役立てるヒントを探ります

アカデミー賞の受賞・ノミネートを振り返ることで、作品の魅力が見えてきます

アカデミー賞の仕組み

★

1927年、"映画芸術科学アカデミー（AMPAS・通称「アカデミー協会」）"は「映画芸術および科学の質を向上させること」（アカデミー設立趣意書より）などを目的として、36人の創設者によって発足しました。当初12部門で始まったアカデミー賞ですが、現在（2020）では24部門に拡大され、世界中の映画人が憧れる華やかな一大イベントとなりました。

アカデミー賞最大の特徴は、一般視聴者が決める人気先行の賞レースではなく、アカデミー協会に所属する会員の投票によって受賞者・受賞作品が決まる、その仕組みにあります。選考に関わるアカデミー協会の会員は現在9000名ほどとされており、監督・俳優・脚本家をはじめ、映像・音響などの技術部門、衣装・メイクなどの美術部門、そして音楽や編集などを含めた全ての製作スタッフ、さらには宣伝・広告担当者まで「映画を取り巻くあらゆるジャンルの関係者」たちで構成されています。

そのうえ、個々の会員がそれぞれの専門分野に投票することで候補作を選ぶ仕組みになっています※から、ノミネート作品は目の肥えた専門家視点で選び抜かれた優秀作品ということになります。

その後、全協会員が全部門のノミネート作品に対して投票を行って、受賞作が決定します。どの作品も優劣付け難い良作揃いとなる所以(ゆえん)が、その選考の仕組みにあるというワケなのです。

※「作品賞」はノミネートの段階から全会員の投票によって選出される

アカデミー賞・各賞の特徴

★

現在24部門ある各賞の中で、その違いが解りにくいものをピックアップしてみましょう。

・作品賞と監督賞・

「作品賞」は、資金の調達や予算の管理、スタッフ集めやスケジュール調整など映画の大枠を司るプロデューサー（製作総指揮者）へ贈られます。それに対し「監督賞」は、俳優の演技や演出などクリエイティブな部分を撮影現場で仕切るディレクター（映画監督）へ贈られる賞です。

・主演男優／女優賞と助演男優／女優賞・

作品賞・監督賞と並んで大変注目が集まる4賞です。主演か助演かの境目は曖昧なもので、どちらで"賞獲り"を狙うかの駆け引きによって双方が入れ替わることもあります。（「アカデミー賞の前哨戦」とも言われる）ゴールデン・グローブ賞では助演部門でノミネートされていた俳優が、アカデミー賞では主演部門でエントリーされることも。

・脚本賞と脚色賞・

脚本が新しく書き下ろされた作品は「脚本賞」の対象となりますが、小説などの原作を基にして新たに再構成された作品は「脚色賞」の対象となります。

・作曲賞と歌曲賞・

BGMなど作品全体に使用される音楽は「作曲賞」。それに対して、主題歌や挿入歌など特定の楽曲を褒賞するのが「歌曲賞」です。どちらも作詞家・作曲家に贈られるもので、歌手は対象ではありません。

・音響編集賞と録音賞・

「音響編集賞」（音響効果編集賞から改名）は、"音を創り出す作業スタッフ"を称える賞です。例えば"爆発音"や"街の喧騒""異星人の声"など、各シーンに必要な音を創り出す技術者が対象です。それに対し「録音賞」は、セリフを含めた様々な音をバランスよく調整（ミキシング）する技術者に贈られる賞です。

（注）この2賞は第93回（2020年度）から統合されることが発表されています。

「オスカー像」にまつわるエトセトラ

★

「And, the Oscar goes to…(そして、"オスカー"を受賞したのは…)」アカデミー賞授賞式で必ず耳にするこのフレーズ。受賞者に手渡される"オスカー像"は"アカデミー賞"の同意語としても使用されていますが、この"オスカー"とはいったい何のことでしょうか?

剣を持った戦士が映画フィルムのリール上に立つオスカー像は、アカデミー協会創設会員36人のひとり、セドリック・ギボンズがデザインしました。ギボンズは後に美術監督として、アカデミー賞に39回ノミネートされ11回の受賞(ウォルト・ディズニーの26回受賞に次ぐ歴代2位)を果たした美術監督です。リールに開いた5つの窓は「監督」「俳優」「脚本家」「技術者」「製作者(プロデューサー)」を表しているのだそうです。つまり全ての映画スタッフの総力を結集した作品上に屹立している凛々しい姿というワケなのです。

ちなみにオスカーという愛称は、アカデミー図書館員の女性がこの像を見て、**「私のおじさんのオスカーにソックリだわ」**と言ったのが始まりだとするなど諸説ありますが、"オスカー"という表現は、第6回(1934年)頃から使われ始めたと言われています。

像の高さは約33センチ重さ約3.6キロで、錫と銅の合金に24金のメッキが施されています。製作費は60ドルほどとされていますが、第12回(1940年)の作品賞を受賞した「風と共に去りぬ」のオスカー像が競売に出され、マイケル・ジャクソンが150万ドル(約1億7000万円)で落札したとの逸話もあります。

仕事に行き詰まったらシネマ

「今、失敗するべきだ。月で失敗しないために」
(「ファースト・マン」より)

Bohemian Rhapsody

ボヘミアン・ラプソディ

（2018）
監督：ブライアン・シンガー
主演：ラミ・マレック

「僕たちは同じ手法を何度も
繰り返さない」
「繰り返しは
時間の浪費だ！」

"See, we don't want to repeat ourselves,
the same fomula over and over."
"Formulas are a complete and utter waste of time."

ブライアン・メイ＆フレディ・マーキュリー
（グウィリム・リー）　（ラミ・マレック）

Story

1970年代初め、ロンドンに暮らす若者フレディ（ラミ・マレック）は、お気に入りのバンドのボーカルが脱退したことを知り、自分を売り込むためにメンバーたちに会いに行きます。ギターのブライアンとドラムのロジャーの前で歌声を披露したフレディはすぐに気に入られ、バンドへの加入が決まります。

やがてベースのジョンも加わり「クイーン」と名前を変えたバンドはレコード会社と契約、シングル曲「キラー・クイーン」の大ヒットにより一躍スターダムへと昇り詰めてゆくのですが…。

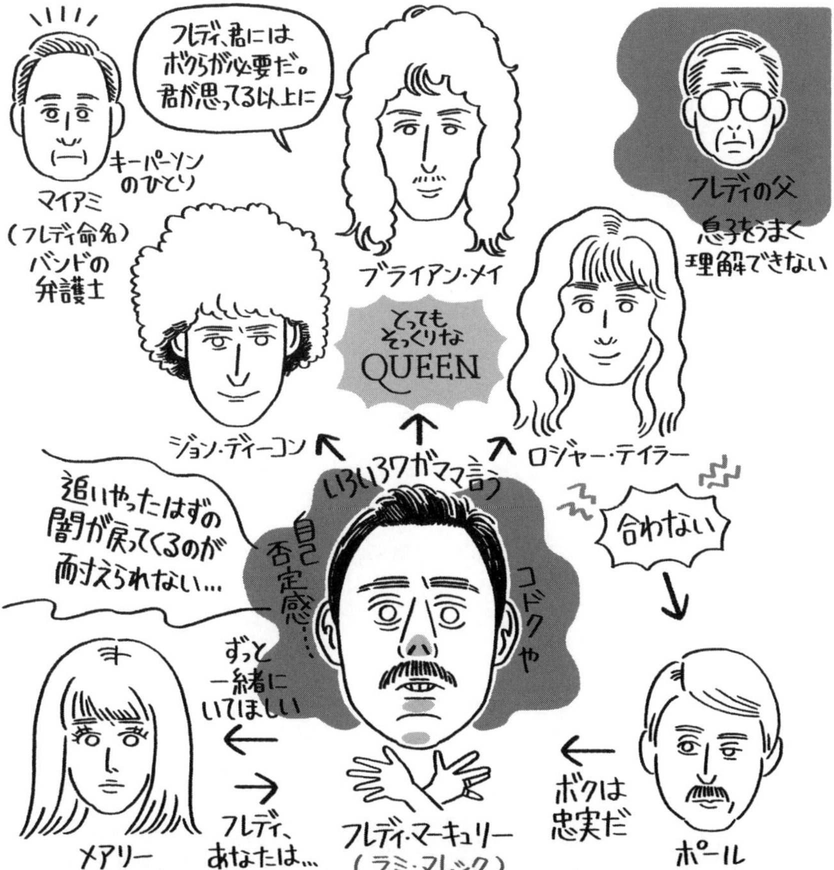

Cast&Staff

監督：ブライアン・シンガー
脚本：アンソニー・マクカーテン
出演：ラミ・マレック、ルーシー・ボイントン、グウィリム・リー、マイク・マイヤーズ、他
音楽：ジョン・オットマン
撮影：ニュートン・トーマス・サイジェル
編集：ジョン・オットマン

Check The Awards

★第91回（2018年）主演男優賞受賞 ラミ・マレック
録音賞／編集賞／音響編集賞受賞

作品賞にもノミネートされた本作品、クイーンのウェンブリースタジアムでの伝説的なライブ演奏を完全再現したパフォーマンスや、臨場感ある音と映像が大変高い評価を受け、4部門を制しこの年の最多受賞作品となりました。

また「ブラックパンサー」がアメコミ原作のスーパーヒーロー映画として初めて作品賞にノミネートされた歴史的な年でもあります。

A Scene From the Movie

「僕たちは同じ手法を何度も繰り返さない」
「繰り返しは時間の浪費だ！」

全米ツアーを成功させ世界にその名を知らしめたクイーンの4人は、4枚目となる新しいアルバム「オペラ座の夜」の制作に着手します。しかしEMIレコードの社長レイ・フォスターは、ロックにオペラの要素を融合させる彼らの斬新なアイデアを否定、前作「キラー・クイーン」のイメージを踏襲した楽曲を望むのでした。そんなフォスターの後ろ向きな姿勢を一蹴して独自のコンセプトを主張する、まさにクイーンの在り方を指し示す魂のこもった言葉です。

手堅い売り上げを望むなら、前作と似たものを作るのが確実です。しかし、フレディたちが目指しているのは、そのもっと先を見据えた新しい音楽の世界、新しいジャンルなのでした。4人は声を揃えて叫びます。「俺たちは境界を超え語りかける、未知なる言葉で。クイーンは定義できないんだ！」と。

過去に存在したことのない斬新なアイデアは、とかく理解されません。ましてや商業的な視点のみで目先の利益を優先させる"濁った目"では永久に見ることができない世界なのでしょう。

時を超え、今なお輝き続ける伝説的なアーティストたちに共通するものは何でしょうか？それは、未来を見据えた新しい挑戦へのスピリットです。天才たちは私たちの発想をはるかに超えた先の世界で演奏しています。最初に理解されないのはむしろ当たりまえ。それでも変化を恐れずチャレンジするその先に、新しい世界へ続く扉はあるのですね。

その場にとどまった瞬間、
新しい世界へ続く扉は閉じる

★★★★★

Bridge of Spies

ブリッジ・オブ・スパイ

（2015）
監督：スティーヴン・スピルバーグ
主演：トム・ハンクス

不安は、何かの役に立つのかね？

Would it help?

ルドルフ・アベル
（マーク・ライランス）

Story

時は冷戦下、弁護士のジム・ドノヴァン（トム・ハンクス）は、アメリカ政府に身柄を拘束されたソ連のスパイ、ルドルフ・アベル（マーク・ライランス）の弁護を担当することになりました。敵味方関係の2人ですが、信念を貫いた互いの行動を認め合い、やがて深い絆を結んでいくことになります。

ソ連側に捕らわれた兵士とアベルの交換交渉という重大任務を委ねられたジムは、一触即発の状況下で無謀とも思える駆け引きに挑むのですが…。

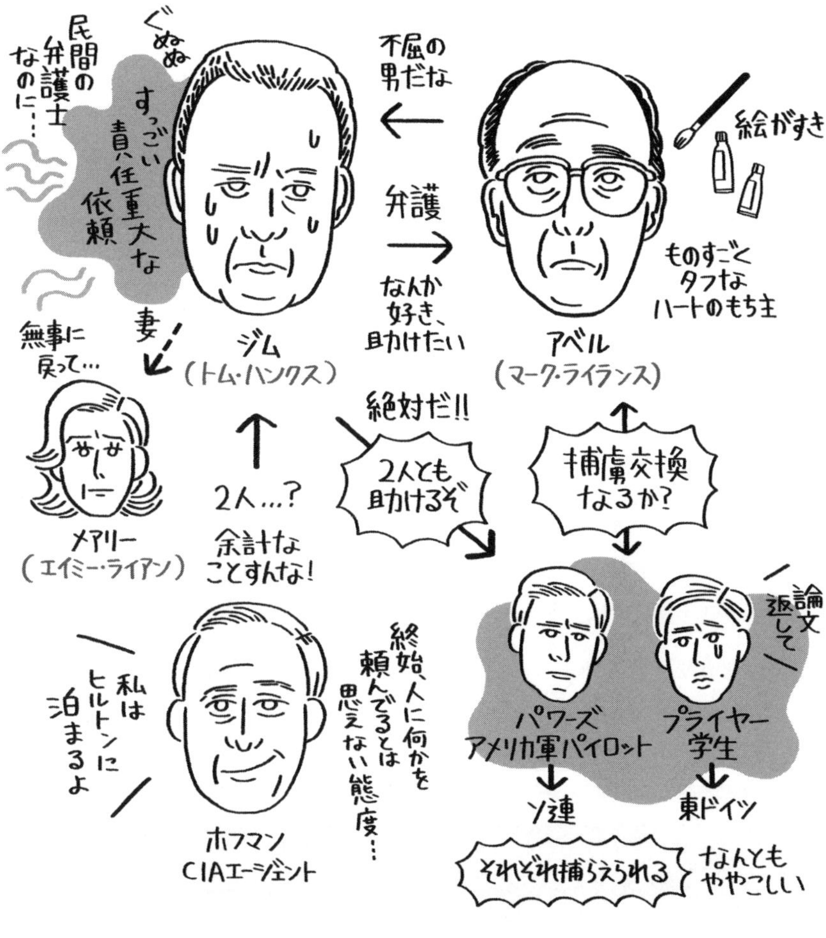

民間の弁護士なのに…
ぐぬぬ
すっごい責任重大な依頼
不屈の男だな
弁護
なんか好き、助けたい
絵がすき
ものすごくタフなハートのもち主
ジム（トム・ハンクス）
アベル（マーク・ライランス）
妻
無事に戻って…
メアリー（エイミー・ライアン）
2人…？
余計なことすんな！
絶対だ!!
2人とも助けるぞ
捕虜交換なるか？
論文返して
パワーズ アメリカ軍パイロット
プライヤー 学生
ソ連
東ドイツ
それぞれ捕らえられる
なんともややこしい
私はヒルトンに泊まるよ
終始、人に何かを頼んでるとは思えない態度…
ホフマン CIAエージェント

Cast&Staff

監督：スティーヴン・スピルバーグ
脚本：マット・チャーマン、イーサン・コーエン、ジョエル・コーエン
出演：トム・ハンクス、マーク・ライランス、エイミー・ライアン、アラン・アルダ、他
音楽：トーマス・ニューマン
撮影：ヤヌス・カミンスキー
編集：マイケル・カーン

Check The Awards

★第88回（2015年）助演男優賞受賞 マーク・ライランス

監督のスティーヴン・スピルバーグは、アカデミー受賞歴3回（「シンドラーのリスト」など）ノミネート15回、脚本のコーエン兄弟は、受賞歴2回（「ノーカントリー」など）ノミネート13回、そして主演のトム・ハンクスは、受賞歴2回（「フォレスト・ガンプ／一期一会」など）ノミネート5回という錚々（そうそう）たる顔ぶれが勢ぞろいした本作品。監督と主演俳優のふたりは「プライベート・ライアン」（1998）でもタッグを組み、第71回アカデミー賞で監督賞をはじめ5部門でオスカー像を手にしています。

A Scene From the Movie

不安は、何かの役に立つのかね？

弁護人のジムは、アベルに向かって「不安はないのか？」と問いかけます。ソ連のスパイとして米国内で諜報活動をしていたアベルは、ＦＢＩに身柄を拘束され有罪となれば死刑を免れない状況だからです。しかし、そんな切迫した状況を、取り乱すことなく冷静に受け入れているアベルは、逆にジムを諭すように淡々と答えるのでした。

不安は、心に湧き立つさざ波です。動揺する気持ちが穏やかだった心の水面に波紋を投げかけ、少しずつその輪を広げてしまいます。けれど、まだ見ぬ未来を恐れ不安に思い、心を悩ませたところで何も解決はしません。自分にできることを冷静に判断し、最善を尽くすことで心の波は鎮まるものです。そのためには、日頃から確固たる信念を持って行動すること。自分が精一杯努力し取り組んだ結果であるならば、訪れた状況を素直に受け入れることができるからです。

アベルは祖国に忠誠を誓い、アメリカ政府が持ちかけるどんな取引交渉にも応じない強い信念を持っています。一方、アメリカ国民からバッシングを受けてもアベルを見捨てず弁護し続けるジムも同様です。米軍捕虜とアベルの交換に挑み一歩も引くことはありませんでした。

2人は似た者同士。作中のアベルの言葉を借りれば「ストイキー・ムジック」＝「不屈の男」なのです。「不屈」とは決して負けないこと。それは他の誰かにではなく、自分の内面に潜む弱い気持ちに屈しない、臆病な心に打ち勝つ強い信念を持つということなのです。

確固たる信念があれば、
どんな結果も受け入れられる

Dead Poets Society

いまを生きる

（1989）
監督：ピーター・ウィアー
主演：ロビン・ウィリアムズ

本を読むときは、作者の意図
より自分の考えを大切にして
君ら自身の声を見つけろ！

Now, when you read, don't just consider
what the author thinks.
Consider what you think.
Boys,you must strive to find your own voice.

ジョン・キーティング
（ロビン・ウィリアムズ）

Story

バーモントにある全寮制の名門進学校に、新任の英語教師ジョン・キーティング（ロビン・ウィリアムズ）が赴任してきました。キーティングの型破りな授業は、伝統と規律で縛られていた名門校の生徒たちにとって、とても新鮮なものでした。彼の授業は保守的な教師たちには煙たがられますが、感受性豊かな高校生の心の中に少しずつ浸透していきます。「いまを大切に生きろ」というメッセージに突き動かされるように、少しずつ変わっていく生徒たちでしたが…。

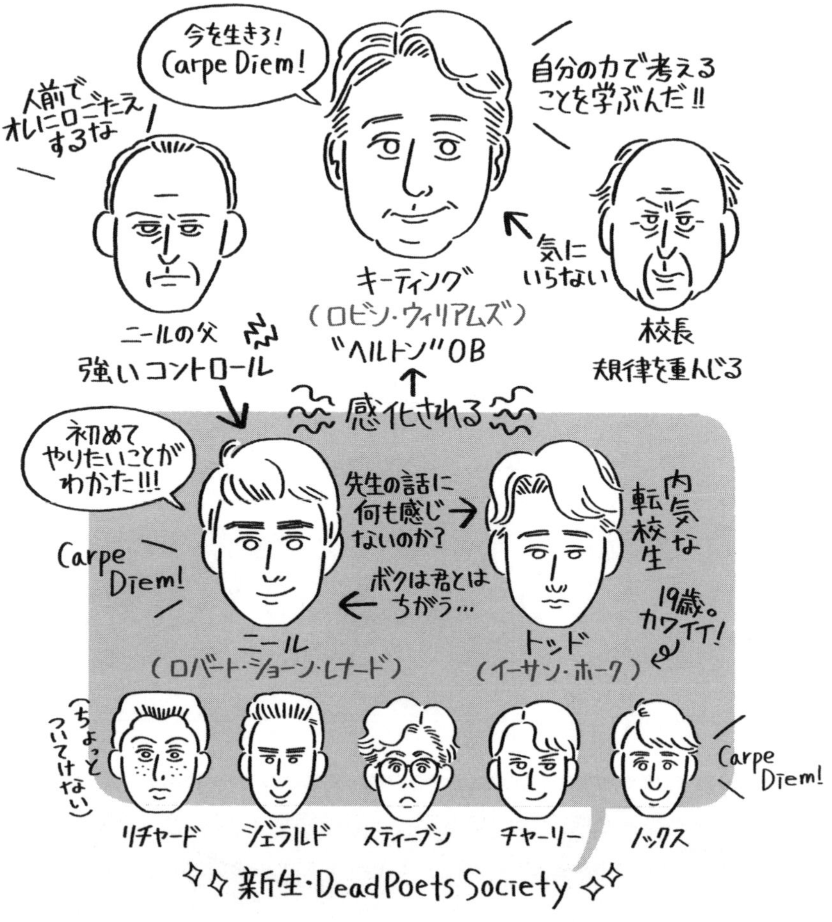

今を生きろ！
Carpe Diem!
自分の力で考えることを学ぶんだ!!
人前でオレに口ごたえするな
キーティング
（ロビン・ウィリアムズ）
"ヘルトン"OB
気にいらない
ニールの父
強いコントロール
校長
規律を重んじる
感化される
初めてやりたいことがわかった!!!
Carpe Diem!
先生の話に何も感じないのか？
ボクは君とはちがう…
内気な転校生
19歳。カワイイ！
ニール
（ロバート・ショーン・レナード）
トッド
（イーサン・ホーク）
（ちょっとついてけない）
Carpe Diem!
リチャード
ジェラルド
スティーブン
チャーリー
ノックス
新生・Dead Poets Society

Cast&Staff

監督：ピーター・ウィアー
脚本：トム・シュルマン
出演：ロビン・ウィリアムズ、ロバート・ショーン・レナード、イーサン・ホーク、他
音楽：モーリス・ジャール
撮影：ジョン・シール
編集：ウィリアム・アンダーソン

Check The Awards

★第62回（1989年）脚本賞受賞 トム・シュルマン

ピーター・ウィアーが「刑事ジョン・ブック　目撃者」（1985）に続いて2度目の監督賞にノミネート。ロビン・ウィリアムズも「グッドモーニング，ベトナム」（1987）に続き、2度目の主演男優賞候補となりましたが受賞はならず。期待された作品賞も、最多9部門でノミネートされた「ドライビングMissデイジー」（1989）に軍配があがりました。この年、黒澤明監督が名誉賞を受賞、プレゼンターとして登場しオスカー像を手渡したのはジョージ・ルーカスとスティーヴン・スピルバーグでした。

A Scene From the Movie

舞台となる全寮制の
ウェルトン学院（通称"ヘル（地獄）トン"）があるのはアメリカのバーモント。
おとぎばなしのような美しい風景が広がる

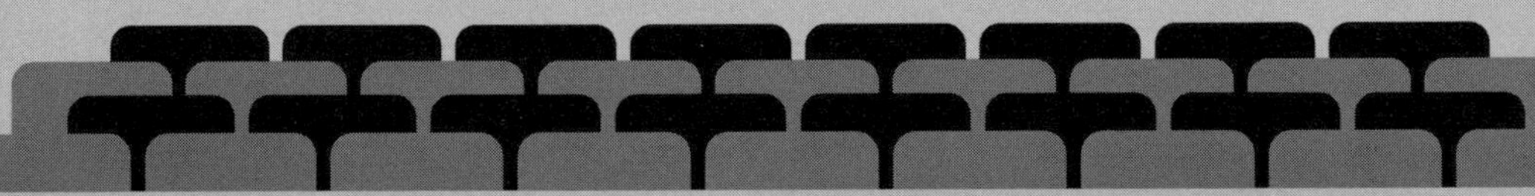

本を読むときは、作者の意図より自分の考えを大切にして君ら自身の声を見つけろ！

「ここから見える世の中はえらく違って見えるぞ！」新任の教師キーティングが授業中にいきなり教卓の上に立ち、生徒たちにも机に上がるように促しながら言う言葉です。あっけにとられる皆に向かって「物事を違う視点から見るためだ」とキーティングは笑って話します。

名門校に赴任してきたキーティングは、まず教科書の序論を全て破り捨てさせました。面食らう生徒たちに「詩を論理的に解析して読むなんてクソくらえだ！」と叫ぶキーティングは「詩や歌、言葉の持つ意味や香りを楽しんでほしいのだ」とその真意を伝えます。厳格な規則に縛り付けられてきた生徒たちにとって、キーティングの授業は“目から鱗”の生きた教えでした。大人たちに刷り込まれていた常識が一瞬でくつがえり、目の前の世界が急に彩りを持って輝き始めたのですから！

組織や社会では、周りと違う行動や発想は嫌悪されがちです。足並みをそろえ協調することが正しいとされ、異論を唱えることは規律を乱すと考えられてしまうからでしょう。しかし、そんな既成概念を取り払い、もう一度違った場所に立って辺りを見渡してみれば、世界は違った見え方をするはずです。

「言葉はなぜ発達したと思うか？」キーティングは学生に問いかけます。「相互の理解のため」なんてクソ真面目に答えたアナタ。机の上に上がって耳を澄ましてみてください。「違う！女を口説くためだ！」そう叫ぶキーティングの笑い声が聞こえてきませんか。

同じものも違った場所から見れば、新しい見え方をする

The Color of Money

ハスラー2

(1986)
監督:マーティン・スコセッシ
主演:ポール・ニューマン

勝つためには2つ必要だ。
1つは頭。
もう1つはガッツだ。
オマエにはガッツしかない

You gotta have two things to win.
You gotta have brains and you gotta have balls.
Now, you got too much of one
and not enough of the other.

ファースト・エディ
(ポール・ニューマン)

Story

かつてその名を馳せた敏腕ハスラー（ビリヤードプレイヤー）・エディ（ポール・ニューマン）は、引退しセールスで生計を立てる平凡な毎日を送っていました。そんなある日、バーでヴィンセント（トム・クルーズ）という若いハスラーと出会います。

粗削りながら卓越したセンスを持つヴィンセントに、かつての自分の姿を重ねるエディは、自分が培った技術を伝授し、ヴィンセントと組んで大金を稼ごうともくろみますが…。

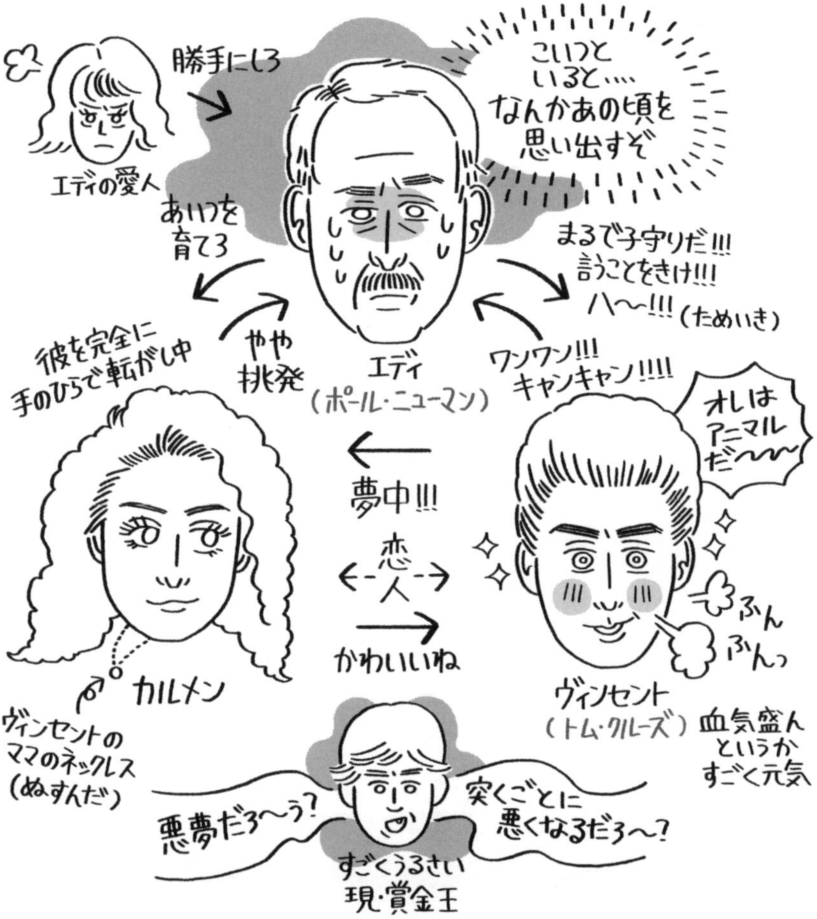

Cast&Staff

監督：マーティン・スコセッシ
脚本：リチャード・プライス
出演：ポール・ニューマン、トム・クルーズ、フォレスト・ウィティカー、他
音楽：ロビー・ロバートソン
撮影：ミヒャエル・バルハウス
編集：セルマ・スクーンメイカー

Check The Awards

★第59回（1986年） 主演男優賞受賞 ポール・ニューマン

数多くの有名作品に出演し存在感のあるポール・ニューマンですが、驚くべきことにここまで6度ものノミネートを受けながら無冠でした。本作の25年前に製作された前作「ハスラー」でもノミネート（第34回1961年）されていた主演男優賞を、今作で7度目（作品賞監督作品のノミネートを含めると8度目）にして初受賞しました。

しかし残念ながら式の会場には姿を現さず、晴れの舞台でオスカー像を手にする姿を見ることはできませんでした。

A Scene From the Movie

勝つためには2つ必要だ。
1つは頭。もう1つはガッツだ。
オマエにはガッツしかない

ヴィンセントの粗削りながら並々ならぬ才能に将来性を感じたエディは、自分とコンビを組むことを提案します。かつて敏腕ハスラーとして培った技術と経験をヴィンセントに伝え、アトランティック・シティで開催されるナインボール選手権で大金を稼ごうという思惑でした。

勝負の駆け引きを学ばせるべく、街のプールバーで武者修行をさせるエディが、怖いものなしで突っ走るヴィンセントに対してゲームを支配するために必要な思考を諭すように伝える言葉です。

これはビリヤード・ゲームに限らず、仕事やスポーツなどあらゆる事柄に当てはまる定理ではないでしょうか。

強敵や難題にやみくもにぶち当たっても、その壁が破れなければ、勢いは自分を粉々にするマイナスの力として働いてしまいます。逆に、頭であれこれと考えてみたところで、チャレンジする行動力がなければ何も始まりません。勝つためには、相手を恐れない闘争心と、その昂(たかぶ)る気持ちを自制しながらコントロールする力、双方のバランスが必要です。

エディは、この2つの要素をヴィンセントに指南しましたが、実はその“ほとばしるガッツ” を持っていないのは自分であることに気付きます。ヴィンセントの放つ眩しいほどのエネルギー。それこそが、自分がいつの間にか失ってしまっていた大切なものだったのです。

経験を重ねるほど慎重になる思考は、時として熱く昂るチャレンジ精神を抑制してしまいがち。しかしその瞬間の気持ちに任せて突き進む青臭い行動力もまた、なくしてはいけない大切なモノなのですね。

青臭い行動力を失くしてはいけない

Ray／レイ

（2004）
監督：テイラー・ハックフォード
主演：ジェイミー・フォックス

あなたはどんな音も出せる。自分の音も出せるはずよ

God gave you the gift to sound like anybody you please, even yourself.

デラ・ビー・アントワイン
（ケリー・ワシントン）

Story

1948年アメリカ、シアトルの酒場でジャズを歌い細々と稼いでいた盲目の青年レイ・チャールズ（ジェイミー・フォックス）は、その類まれな歌声からトリオ・バンドに誘われ演奏ツアーに出ます。

やがてその才能に目を付けたレコード会社が契約をオファー、楽曲の大ヒットによって一躍スターダムへと昇っていきます。恋人デラ・ビー（ケリー・ワシントン）とも結婚、長男にも恵まれ順風満帆の生活でしたが、薬物と女性を手放せないレイは波乱万丈の人生を送り…。

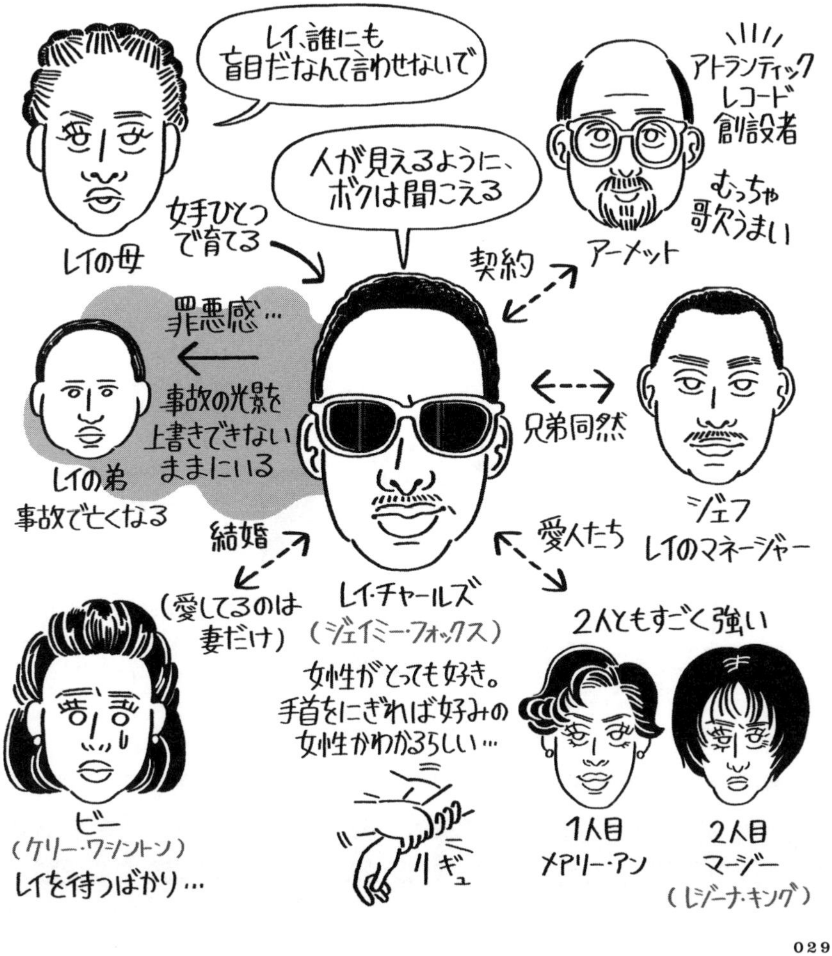

Cast&Staff

監督：テイラー・ハックフォード
脚本：ジェームズ・L・ホワイト
出演：ジェイミー・フォックス、ケリー・ワシントン、レジーナ・キング、他
音楽：レイ・チャールズ、クレイグ・アームストロング
撮影：パヴェル・エデルマン
編集：ポール・ハーシュ

Check The Awards

★第77回（2004年）主演男優賞受賞 ジェイミー・フォックス
録音賞受賞

盲目の伝説的ミュージシャン、レイ・チャールズを演じ切りオスカー初受賞の栄誉に輝いたジェイミー・フォックス。この年「コラテラル」で助演男優賞にもノミネートされていましたが、ダブル受賞を阻んだのは主要4部門（作品、監督、主演女優、助演男優）で受賞を果たした「ミリオンダラー・ベイビー」のモーガン・フリーマンでした。

A Scene From the Movie

あなたはどんな音も出せる。自分の音も出せるはずよ

「オリジナリティがなけりゃ何もないのと同じだ」初めて挑んだレコーディングで、レイの演奏はディレクターからバッサリ切り捨てられます。自信を持って披露したナット・キング・コールやチャールズ・ブラウンの楽曲でしたが、「二番煎(にばんせん)じはいらない」とハッキリ告げられてしまうのです。
「目が見えない人間は道が限られる。スタイルを変えて客にそっぽを向かれたら困るだろ」と、恋人デラ・ビーに本心を打ち明けるレイ。しかし彼女は「今までは人マネよ。あなたにはたくさんの道があると思うわ」と新たな演奏スタイルへの飛躍を促すのです。幼い頃に盲目となったレイは、どんな歌手の声もそっくりに歌うことのできる能力を身に付けました。そうやって“聴衆が喜ぶスタイル”で稼いできたのです。

レイの母親は、視力を失った幼い息子に生きる術を教えました。「最初はママがやり方を教える。2度目までは手を貸すけど3度目からは自分でやって。それが世の中よ」レイは、その教えを守って生きてきたつもりでした。しかしナット・キング・コールに学び、チャールズ・ブラウンの手を借りて生きる糧を稼いできたレイでしたが、“レイ・チャールズ”では1銭も稼いでいなかったことに気付くのです。

厳しい世界で頭角を現すために必要なこと。それは、レイが、R&Bとゴスペルを融合させ“自分だけの音”を創り出したように、既存の壁を突き破るべく“個性という角”を鋭敏に磨き上げることに尽きるのですね。

磨きこまれた個性が、特別を生む

★★★★★

Jerry Maguire

ザ・エージェント

(1996)
監督:キャメロン・クロウ
主演:トム・クルーズ

もし心が空っぽなら、
頭で考えることは無価値だ。
愛がなければ
仕事は成功しない

If this is empty, this doesn't matter.
Unless you love everybody,
you can't sell anybody.

スポーツエージェントの元祖
故ディッキー・フォックスの言葉

Story

スポーツ選手の契約交渉を代行する敏腕エージェントとして活躍していたジェリー・マグワイア（トム・クルーズ）は、選手を商品として扱う会社の方針に疑問を持ち、周囲に独立を呼びかけました。しかし一緒に会社を辞めたのは、会計係のドロシー（レネー・ゼルウィガー）だけでした。

さらに現実は厳しくジェリーの契約選手は、落ち目のアメフト選手ロッド（キューバ・グッディング・Jr）ただひとりという有様です。困難に負けず奮闘する彼らの成功へのチャレンジはやがて成果を生み始めるのですが…。

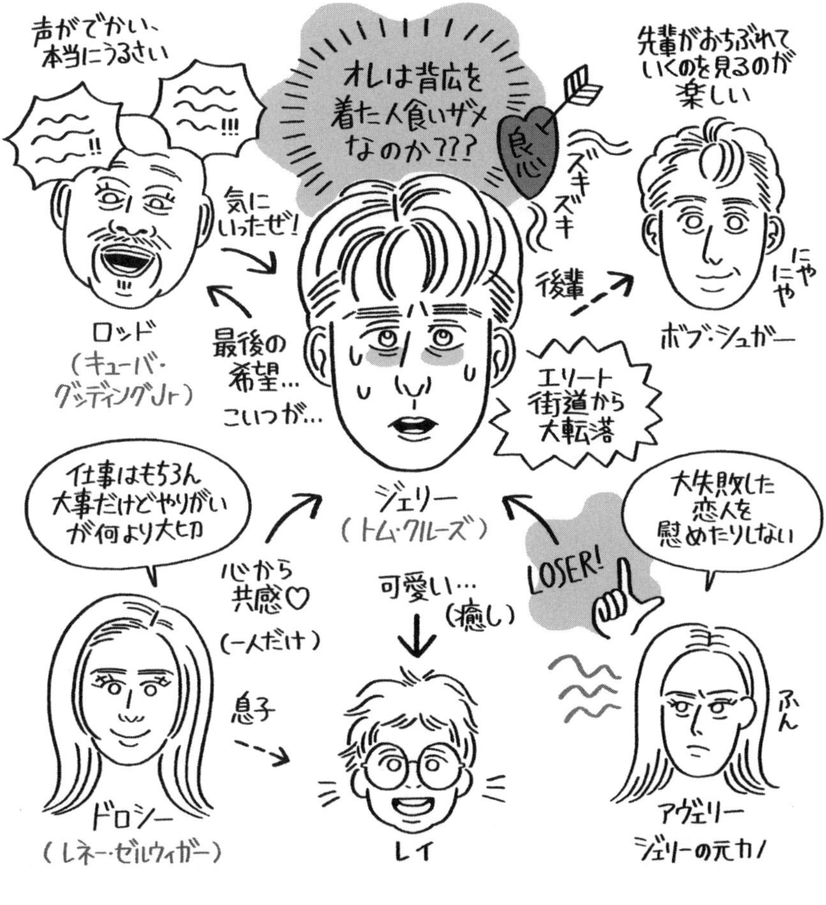

Cast&Staff

監督：キャメロン・クロウ
脚本：キャメロン・クロウ
出演：トム・クルーズ、キューバ・グッディング・Jr、レネー・ゼルウィガー、他
音楽：ダニー・ブロムソン
撮影：ヤヌス・カミンスキー
編集：ジョー・ハッシング

Check The Awards

★第69回（1996年）助演男優賞受賞 キューバ・グッディング・Jr

受賞した助演男優賞の他、作品賞、主演男優賞、脚本賞、編集賞の5部門にもノミネートされました。主演のトム・クルーズは「7月4日に生まれて」（1989）以来2度目のノミネートでしたが、「シャイン」のジェフリー・ラッシュに敗れオスカー像を逃しました。

この後、トム・クルーズは「マグノリア」（1999）で3度目のノミネートを受けますが、驚くべきことにいまだアカデミー無冠です。（2020年現在）

A Scene From the Movie

なんといっても
テンパりまくる
トム・クルーズが
最高にキュート！

「可哀想カッコイイ」
というジャンルの
イケメンである…

もし心が空っぽなら、
頭で考えることは無価値だ。
愛がなければ仕事は成功しない

利益最優先で選手の立場をないがしろにする会社のやり方に疑問を持ったジェリーは、理想的なエージェント活動の在り方を掲げた崇高な「提案書」を会社に提出しました。しかし見向きもされずあっさりとクビに。ひとり独立せざるを得なくなりました。

「やりがいを感じられて、楽しめる仕事。この汚れた業界の中で、一緒にそれを目指そう！」

ジェリーは、去り際に社員たちにこう叫びます。しかし、ジェリーとともに会社を辞める決意をする者はいませんでした。たったひとり、会計係のドロシーを除いては…。

組織の中ではよくある光景ですね。正しくないと頭ではわかっていながら保身のために“忖度”してしまうずる賢い生き方。しかし“偽物”は長続きしないものです。心のこもっていない“うわべだけのメッキ”はいずれ剥がれ落ちてしまうからです。それはあらゆる人間関係においても同様です。

「頭だけのプレーにファンは感動しない。何も言わずハートでプレーしろ！」契約金額に固執し不満ばかりを並べるロッドに、ジェリーは腹を割って本音をぶつけます。無心で純粋にプレーを楽しむこと、それこそがファンの心に響く本物を生むのだと言っているのです。ジェリーとドロシー、ロッドとジェリー。彼らを離れさせなかったもの、それは互いの信頼でした。本物と偽物の違い、それはそこに“ハート”があるかどうかなのですね。

本物と偽物の違い。
それはハートの有無

First Man

ファースト・マン

（2018）
監督：デイミアン・チャゼル
主演：ライアン・ゴズリング

今、失敗するべきだ。
月で失敗しないために

We need to fail down here,
so we don't fail up there.

ニール・アームストロング
（ライアン・ゴズリング）

Story

1961年、米空軍でテストパイロットを務めるニール・アームストロング（ライアン・ゴズリング）は、幼い娘を病で亡くし、その悲しみから逃れるようにNASAの「ジェミニ計画」の宇宙飛行士に志願します。

アメリカのジェミニ計画とは、宇宙開発競争で先を行くソ連に対抗すべく人類未踏の月を目指す緊急ミッションでした。日々繰り返される、死と隣り合わせの過酷な訓練とテスト飛行、そして度重なる事故。運命をともにするパイロットの同志たちは、確かな絆で結ばれていくのでしたが…。

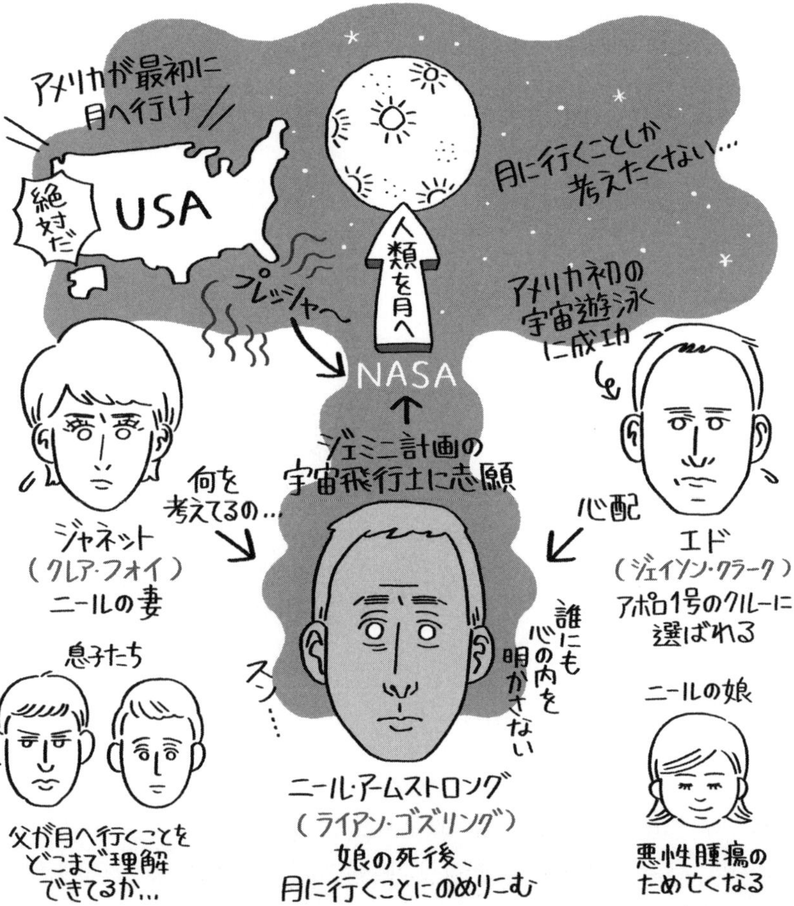

Cast&Staff

監督：デイミアン・チャゼル
脚本：ジョシュ・シンガー
出演：ライアン・ゴズリング、クレア・フォイ、ジェイソン・クラーク、他
音楽：ジャスティン・ハーウィッツ
撮影：リヌス・サンドグレン
編集：トム・クロス

Check The Awards

★第91回（2018年）視覚効果賞受賞

デイミアン・チャゼル監督はIMAXフィルムによる最新技術を導入する一方で、緊迫した臨場感や1960年代の雰囲気を再現するために16ミリフィルムを使用。当時の空気感を伝える音声にもこだわりました。この年は「アベンジャーズ／インフィニティ・ウォー」や「レディ・プレイヤー1」「ハン・ソロ／スター・ウォーズ・ストーリー」などCGを駆使した大作がノミネート作品に勢揃いする中で、模型を使ったアナログ特撮による映像を軸とした本作がオスカーに輝いたことに意味があります。

A Scene From the Movie

今、失敗するべきだ。
月で失敗しないために

人類初の月面着陸を想定した“アポロ計画”への礎を築くべく行われたジェミニ計画。ニールは訓練機のパイロットとして、命がけの過酷なミッションにその身を捧げました。宇宙空間へ飛び立ち遭遇する絶体絶命のトラブル、月面着陸訓練機での墜落事故…。日々「死」と直面するニールが、襲い来る恐怖と立ちはだかる困難に立ち向かって語る執念の言葉です。

ニールは幼い娘を病で亡くし、その悲しみを抱き続けていました。そして相次ぐ同志たちの死亡事故が、彼をより危険なミッションへと駆り立てていきます。亡くなった尊い命の志を継ぐために挑み続けるニールの言葉は重く響きますが、常軌を逸した人間の姿のようにも見えます。

家族をもないがしろにして責務に没頭していくニールの執念は、アポロ11号による月面着陸の成功へと結実します。しかし無事地球へ帰還し、愛する妻ジャネット（クレア・フォイ）と対面するニールの表情は、私たちが想像していたような歓喜に満ちたものではありませんでした。

成功と引き換えに失った多くのモノがあります。それはかけがえのない命、膨大な時間、そして莫大な費用と労力です。ニールの心の底でわだかまっていたモノはそれらに対する葛藤ではなかったでしょうか。この壮大なるミッションは、支払った大きな代償と見合う“華やかな成功”と言ってよいものだったのでしょうか？

人類が月へ降り立ち50年が経過した今、改めて考えてみる必要があるのかもしれません。“成功”の陰に潜む“何十倍もの失敗”にこそ学ぶべきことがあるのですから。

“成功”の中に潜む“失敗”にこそ
学ぶべきことがある

Ford v Ferrari

フォードVSフェラーリ

（2019）
監督：ジェームズ・マンゴールド
主演：クリスチャン・ベール

視界を狭めちゃダメだ。
視野を広く遠くを見る。
そうすると全てが見える

You don't do that. You do this. Right?
And then you see everything.

ケン・マイルズ
（クリスチャン・ベール）

Story

1963年アメリカ。大衆車を生産して成長してきたフォードは新たなイメージ戦略として“24時間耐久レース”への参戦を決め、アメリカ人で唯一“ル・マン24時間レース”での優勝経験を持つキャロル・シェルビー（マット・デイモン）へ協力を要請します。レースまでわずか90日。無謀な挑戦を請け負ったシェルビーは以前レース場で出会った一匹狼の天才ドライバー、ケン・マイルズ（クリスチャン・ベール）をスカウトします。レーサー稼業の引退を考えていたケンですが、シェルビーからのオファーにくすぶっていた闘志は再燃し…。

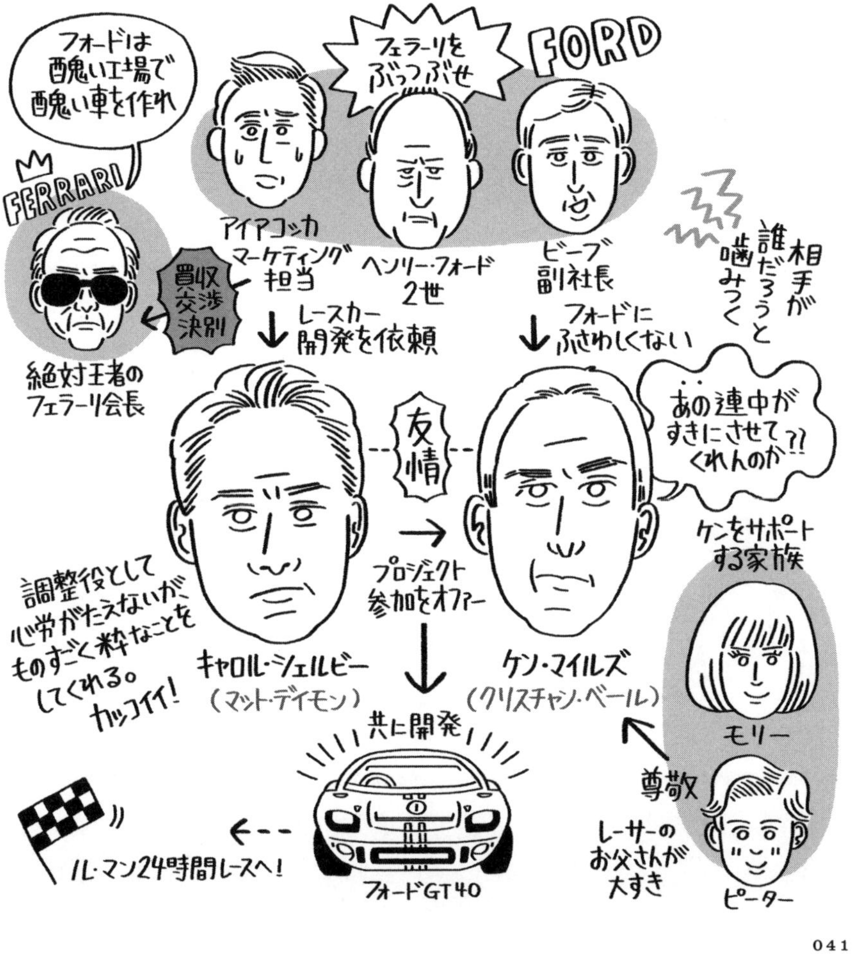

Cast&Staff

監督：ジェームズ・マンゴールド
脚本：ジェズ・バターワース、ジョン=ヘンリー・バターワース、ジェイソン・ケラー
出演：マット・デイモン、クリスチャン・ベール、ノア・ジュープ、カトリーナ・バルフ、他
音楽：マルコ・ベルトラミ、バック・サンダース
撮影：フェドン・パパマイケル
編集：アンドリュー・バックランド、マイケル・マカスカー

Check The Awards

★第92回（2019年）音響編集賞／編集賞受賞

実話を再現したリアルな映像は、作品賞・録音賞のノミネートも受けました。アカデミー賞の前哨戦ともいえる第24回サテライト賞映画部門では、作品賞、監督賞、主演男優賞（クリスチャン・ベール）、編集賞、録音賞の5部門を制覇しました。ちなみにこの年アカデミー主要4部門（作品賞、監督賞、脚本賞、国際長編映画賞）で栄誉に輝いた「パラサイト　半地下の家族」は、外国語映画（英語以外の作品）において史上初の作品賞受賞となり歴史にその名を刻みました。

A Scene From the Movie

視界を狭めちゃダメだ。視野を広く遠くを見る。そうすると全てが見える

「あの先のヒビ割れが見えるか。あれが減速の目印になる」そう言って遠くを指さすケン。夕闇迫るテスト・コースでの“天才ドライバー・ケン・マイルズ”の言葉ですが、愛する息子ピーター（ノア・ジュープ）へ伝える“父親としての言葉”でもあります。「スピードを落とすってこと？」首をかしげるピーターにケンは答えます。「マシンを壊さず完璧なラップを刻むには、限界を感じとる感性が必要なんだ」と。

「勝利は金では買えない」キャロル・シェルビーは、フォード幹部にそう答えます。時速320キロで疾走し4800キロもの持続走行に絶え得る強靭なマシンを完成させたとしても、それだけでは勝てないと断言するのです。頂点に立つために必要なもの。それは“人”だからです。

ケン・マイルズは、レースカーで疾走するために生まれてきた天才です。しかしケンの辞書には“忖度”や“妥協”という言葉がありません。そんなケンが栄光の舞台“ル・マン”のサーキットに立てるのは、ケンの“性能特性”に対する周囲の理解があってこそです。

ケン・マイルズというモンスター・マシンが人生のゴールラインへ向かって疾走し続けることができた陰には、“視界を狭めず可能性を信じて遠くを見続けてくれた確かな目”があったことを忘れてはいけません。常に支え続けてくれた妻モリー（カトリーナ・バルフ）、そして何よりケンの性能を引き出し“完璧なラップ”へとハンドリングしてくれたシェルビーの将来を見る“確かな目”があってこそなのですね。

遠くを見る確かな眼力が、
秘めたる性能を引き出す

A Star Is Born

アリー／スター誕生

（2018）
監督：ブラッドリー・クーパー
主演：ブラッドリー・クーパー、レディー・ガガ

魂の底からの歌でなければ
人の心には届かない。
歌は正直なものだ

If you don't dig deep into your fucking soul,
you won't have legs.
I'm just telling you that.

ジャクソン・メイン
（ブラッドリー・クーパー）

Story

ライブを終えた世界的ミュージシャン、ジャクソン・メイン＝ジャック（ブラッドリー・クーパー）はバーに立ち寄りました。その日のステージで歌っていたアリー（レディー・ガガ）に魅了されたジャックは楽屋を訪ね、2人は親しくなります。彼女の作った曲にインスパイアされたジャックは自分のライブで共演することを提案、その歌声は観客の喝采を浴びアリーはスターへの扉を開きます。

しかし輝きを増すアリーとは対照的に、徐々にその人気が陰り始めるジャックは酒と薬に溺れ…。

モフモフ
実の愛犬が出演！
心にキズ
依存
お酒
うっとり…
声はもちろんすべてに
一目ボレ
さぁ！今からステージで歌って！
はぁ??
初ステージの（ムチャぶり）シーンは本当にドキドキする！
もちろんすごい歌声
ジャック（ブラッドリー・クーパー）
アリー（レディー・ガガ）
おまえのお守りはたくさんだ
すごい確執
才能が無いのは弟のせいってか？
スカウト
君はこのままおわっちゃいけない
いつも応援！
かならず売る
アリーを
GO girl
ガンバレ
ボビー（サム・エリオット）
ジャックの異母兄マネージャーでもある
レズ
レコード会社のプロデューサー
ラモン
アリーの友人でバイト先が一緒

Cast&Staff

監督：ブラッドリー・クーパー
脚本：エリック・ロス、ブラッドリー・クーパー、ウェル・フェッターズ
出演：ブラッドリー・クーパー、レディー・ガガ、サム・エリオット、アンドルー・ダイス・グレイ、他
撮影：マシュー・リバティーク
編集：ジェイ・キャシディ

Check The Awards

★第91回（2018年）歌曲賞受賞
「シャロウ〜『アリー/スター誕生』愛のうた」

受賞部門に加え、作品賞、主演男優賞（ブラッドリー・クーパー）、主演女優賞（レディー・ガガ）、助演男優賞（サム・エリオット）、撮影賞、脚色賞、音響効果賞の計8部門でノミネートされました。ブラッドリー・クーパーは4度目の候補となりましたが、彼の夢を阻んだのは皮肉にも同じ音楽関連作品「ボヘミアン・ラプソディ」でクイーンのボーカル、故フレディ・マーキュリーを熱演したラミ・マレックでした。

A Scene From the Movie

魂の底からの歌でなければ
人の心には届かない。
歌は正直なものだ

曲の大ヒットにより一躍スターダムに駆け上がっていくアリー。その喜びをともに分かち合うジャックが、アーティストとして心に刻むべき大切な真髄をアリーに伝える温かくも厳しい言葉です。

才能と運に恵まれ“スター”への階段を駆け上がれたとしても、その先にはいつか下る日がやってきます。それはジャックがかつて通ってきた道でもあります。「存在する理由があるとすれば、それは誰かに何かを伝えるためだ」ジャックはアリーと出会った頃、自分が歌い続ける理由をそう説明しました。

ロック界のレジェンドとして成功を手にしたジャックですが、彼は常に苦悩しています。孤独や心の痛みから生まれる魂の歌、それはまた自分の骨身を削りながら紡ぎ出された作品でもあるのでしょう。

「ウソは長続きしない。取り繕えば客は離れていく」ジャックは自分の創作活動の信念ともいえる言葉をアリーに伝えます。しかしショービジネスに呑み込まれていくアリーは、徐々にあるべき自分のスタイルを見失っていってしまうのでした。

本物と偽物の境界線。それは金に群がる周囲に翻弄されず、自分の意志で表現し続けることができるか否かにあります。ジャックは「音楽は12音とオクターブの繰り返し、ただそれだけだ」と言います。そこに余計な飾りは不要、ただ心に湧き起こる衝動を形にすることで作品が生まれるのです。それは私たちの仕事や生き方も同様、“本物を生む定義”なのだと感じますね。

本物に、
よけいな飾りはいらない

The Imitation Game

イミテーション・ゲーム／エニグマと天才数学者の秘密

（2014）
監督：モルテン・ティルドゥム
主演：ベネディクト・カンバーバッチ

誰も予想しなかった人物が、
誰も想像しなかった偉業を
成し遂げることもあるんだ

Sometimes it's the very people
who no one imagines anything of
who do the things no one can imagine.

クリストファー・モーコム
（ジャック・バノン）

Story

第二次世界大戦下、連合軍にとってドイツ軍の持つ難攻不落の暗号機「エニグマ」の解読こそが重要課題となっていました。イギリスの諜報機関M16主導のもと解読チームが結成され、各分野の精鋭らとともに、数学者アラン・チューリング（ベネディクト・カンバーバッチ）も招集されます。

独自の理論に固執するアランは孤立してしまいますが、新たなメンバー・ジョーン（キーラ・ナイトレイ）の気遣いで、しだいにチームは一丸となっていきます。しかしあと一歩のところで結果を出せず、追い詰められていき…。

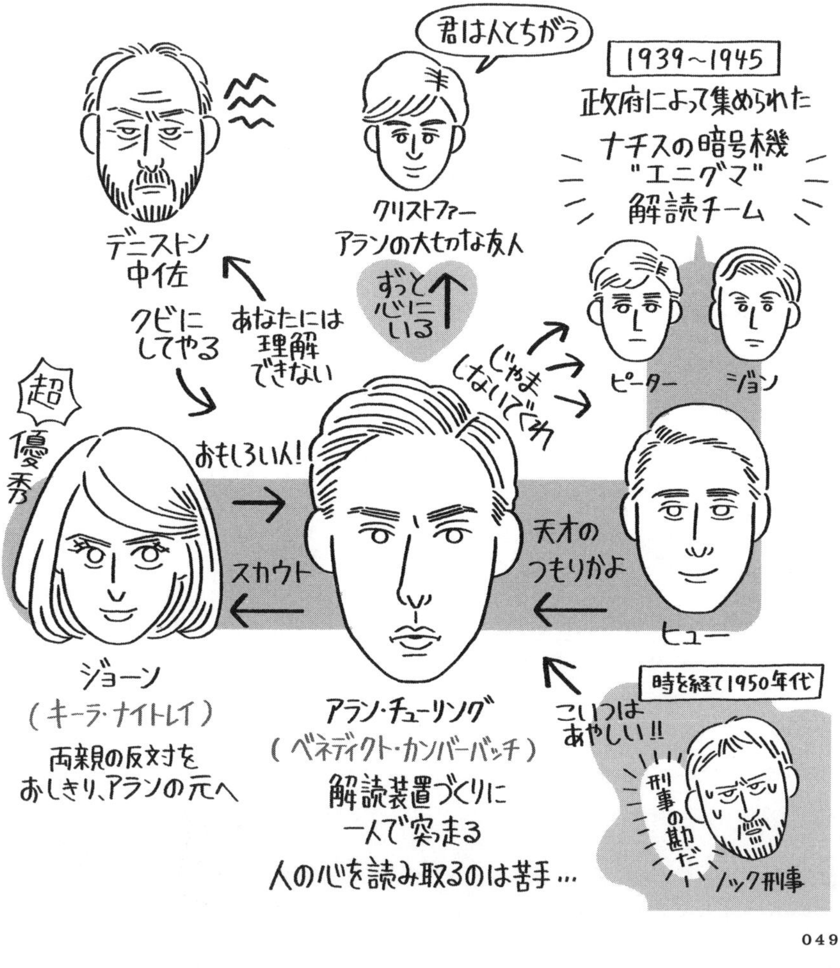

君は人とちがう

1939〜1945
政府によって集められた
ナチスの暗号機
"エニグマ"
解読チーム

デニストン
中佐

クリストファー
アランの大切な友人

ずっと
心に
いる

クビに
してやる

あなたには
理解
できない

じゃま
しないでくれ

ピーター

ジョン

超
優秀

おもしろい人!

スカウト

天才の
つもりかよ

ヒュー

ジョーン
（キーラ・ナイトレイ）
両親の反対を
おしきり、アランの元へ

アラン・チューリング
（ベネディクト・カンバーバッチ）
解読装置づくりに
一人で突っ走る
人の心を読み取るのは苦手…

時を経て1950年代

こいつは
あやしい!!

刑事の勘だ

ノック刑事

Cast&Staff

監督：モルテン・ティルドゥム
脚本：グレアム・ムーア
出演：ベネディクト・カンバーバッチ、キーラ・ナイトレイ、マーク・ストロング、ジャック・バノン、他
音楽：アレクサンドル・デスプラ
撮影：オスカル・ファウラ
編集：ウィリアム・ゴールデンバーグ

Check The Awards

★第87回（2015年）脚色賞受賞 グレアム・ムーア

コミュニケーション障害とともに同性愛者として苦しみ、41歳で自殺した悲劇の天才アラン・チューリングを演じたベネディクト・カンバーバッチが主演男優賞に初ノミネート。キーラ・ナイトレイも助演女優賞候補となりましたが、他のノミネート部門（監督賞、作品賞、作曲賞、美術賞、編集賞）とともに受賞はなりませんでした。

初のオスカー像を手にした脚本のグレアム・ムーアは「自分は変わり者で、居場所がなかった」と16歳時の自殺未遂経験を明かし、会場は感動に包まれました。

A Scene From the Movie

誰も予想しなかった人物が、
誰も想像しなかった偉業を
成し遂げることもあるんだ

「ボクがあいつらより頭がいいからだ！」学校でクラスメイトからいじめにあうアランは、親友のクリストファー（ジャック・バノン）に向かって悔しそうに叫びます。天才的な頭脳とは裏腹にコミュニケーション能力に欠けるアランは、学校の中では浮いた存在になってしまうのです。アランの突出した才能と欠落した部分の両方を理解しているクリストファーが、アランをなぐさめながら“未来の偉業”を予見するように言う言葉です。

解読チームで寝食をともにし心を通わせた大切な女性ジョーンに、“針金を巻いただけの粗末な即席リング”を婚約指輪代わりに差し出すアラン。そんな常識外れの行動にも、ジョーンは気を悪くすることなく笑って言います。

「普通とは違うけど、普通なんてつまらないわ」と。

どんなに高価な宝石でも最初からキラキラと輝きを放っているわけではありません。他の石コロと同じように泥にまみれ、岩や土の中にひっそりと埋もれているものです。アランという“天才の原石”は、クリストファーやジョーンというよき理解者に出会わなければ、永久に土中に埋もれていたかもしれません。

“常識にとらわれず”“他と違うことを個性として認める”彼らの「偏見のない目」でなければ、普通でないところに隠れている“未知なる可能性”を見出すことはできない、ということなのですね。

偏見のない瞳でなければ、
真価を見極めることはできない

★ ★ ★ ★ ★

Spotlight

スポットライト
世紀のスクープ

(2015)
監督:トム・マッカーシー
主演:マイケル・キートン

我々はいつも暗闇の中を
手探りで歩いている。
そこに光が差して初めて
間違った道だと解るんだ

Sometimes it's easy to forget that we spend
most of our time stumbling around in the dark.
Suddenly, a light gets turned on
and there is a fair share of blame to go around.

マーティ・バロン局長
(リーヴ・シュレイバー)

Story

2001年、ボストン・グローブ紙に新編集局長としてマーティ・バロン（リーヴ・シュレイバー）が着任。スクープ記事を専門とする「スポットライト」チームの4人の記者に、ある事件を追及するように指示を出します。それは神父による少年の性的虐待事件。カトリック教会が強大な権力を持つボストンでは不可侵領域のテーマです。取材を進めるにつれ、多くの神父たちが長年にわたって同様の罪を犯している実態が明らかになっていきます。さらに背後には事件を隠蔽しようとする教会組織や多くの関係者が存在し…。

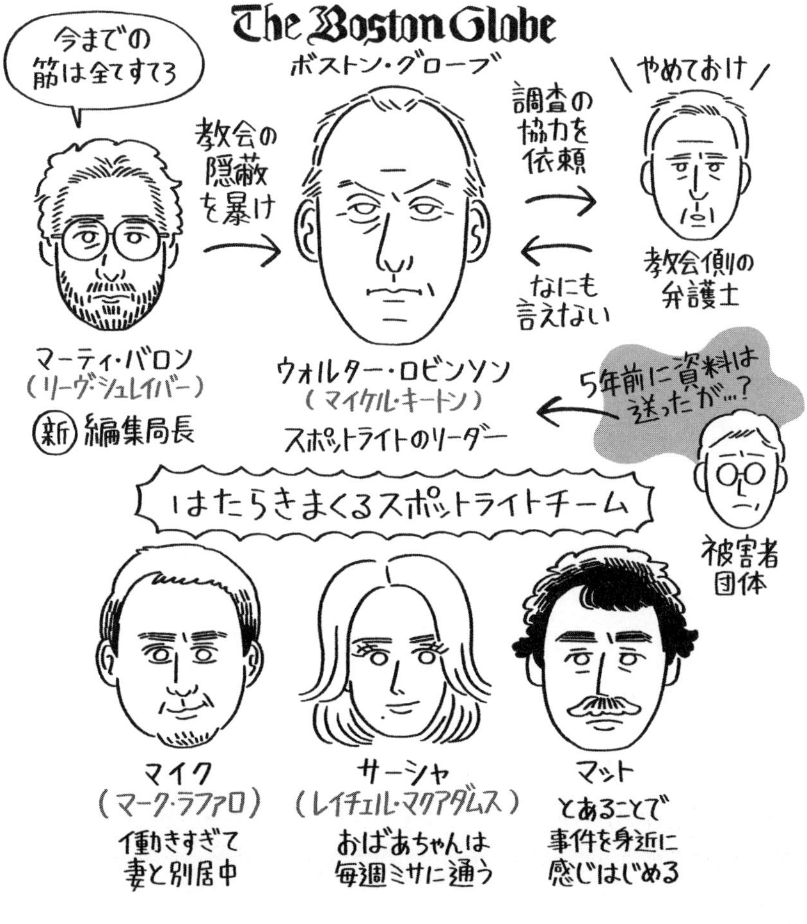

Cast&Staff

監督：トム・マッカーシー
脚本：ジョシュ・シンガー、トム・マッカーシー
出演：マイケル・キートン、マーク・ラファロ、レイチェル・マクアダムス、リーヴ・シュレイバー、他
音楽：ハワード・ショア
撮影：マサノブ・タカヤナギ
編集：トム・マカードル

Check The Awards

★第88回（2015年）作品賞／脚本賞受賞

世界を震撼させた衝撃の実話をもとに描きだした本作品、受賞した2部門のほか、監督賞、編集賞、助演男優賞、助演女優賞にもノミネートされました。

助演女優賞候補になったレイチェル・マクアダムスは初ノミネートでしたが「リリーのすべて」のアリシア・ヴィカンダーに、そして助演男優賞候補となったマーク・ラファロは3度目のノミネートでしたが「ブリッジ・オブ・スパイ」（16ページ参照）のマーク・ライランスに敗れ、ともにオスカー像を手にすることはできませんでした。

A Scene From the Movie

我々はいつも暗闇の中を
手探りで歩いている。
そこに光が差して初めて
間違った道だと解るんだ

「スポットライト」チームのメンバーたちは、過去にもこの犯罪を明るみに出す機会を得ていながら見過ごしたことを悔いていました。その彼らに向かって、編集局長のバロンが静かに語る言葉です。

「二度と来ないで！」と言われても取材相手に食い下がるサーシャ（レイチェル・マクアダムス）、不屈の闘志で奔走するマイク（マーク・ラファロ）、「正義を貫くんだ」とリーダーシップをとるウォルター（マイケル・キートン）。彼らの懸命な取材によって、重大な犯罪を見過ごしてきた関係者たちの姿が浮き彫りになりました。組織ぐるみで事実を隠ぺいしようとした司教たち。そこに加担した弁護士。強大な権力が渦巻く社会…。

新聞報道は、隠された闇を照らし出してくれる“光”です。記者たちが信念の取材で明らかにしてくれた情報によって、まさに「スポットライト」で照らし出されたかの如く、真実を見ることができるのです。

では、日々奔走しながら懸命に暗闇の中を模索する新聞記者たちにとっての“光”はいったい何でしょう？

それは、私たちの声なのではないでしょうか。被害者たちの勇気ある声、圧力に負けない情報提供者の声、そして何よりも、報道に対する反響の声です。正義の声は、しだいに増幅し“世論”を生み出します。一人ひとりの声はささやかなものですが、それが結集した時どんな強大な組織や権力にも勝る大きな声、偉大な力となるのです。「闇をあばくんだ」と言うバロンの声がアナタの心にも突き刺さるはずですよ。

ひとりひとりの声が、
暗闇を照らす光を生む

Shichinin no samurai

七人の侍

（1954）
監督：黒澤明
主演：三船敏郎、志村喬

人を守ってこそ
自分も守れる。
己のことばかり考える奴は
己をも滅ぼす奴だ

島田勘兵衛
（志村喬）

Story

時は戦国時代末期、野武士たちが貧しい山間の村を襲い、収穫物や女性を略奪していました。ただ怯えるばかりの百姓たちでしたが、若い村人・利吉（土屋嘉男）は戦うことを主張します。長老の提案で傭兵を探すことになった利吉は、腕の立つ浪人・島田勘兵衛（志村喬）に顛末を話します。

利吉の願いを聞き入れた勘兵衛は、ともに戦う剣豪を集めていきます。命を捨てる覚悟で集結した侍七人は、村の百姓たちと団結し40騎もの野武士と対決することになるのですが…。

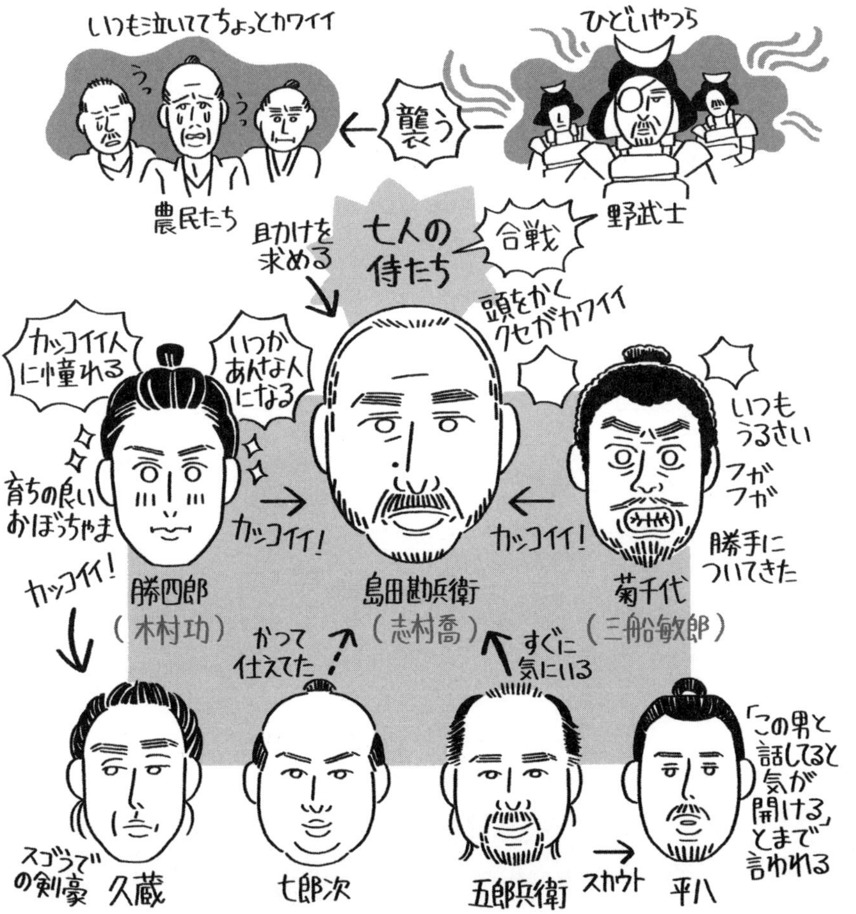

Cast&Staff

監督：黒澤明
脚本：黒澤明、橋本忍、小国英雄
出演：三船敏郎、志村喬、木村功、稲葉義男、加東大介、千秋実、宮口精二、土屋嘉男、他
音楽：早坂文雄
撮影：中井朝一
編集：岩下広一

Check The Awards

★第29回（1956年）美術監督賞（白黒部門）／衣装デザイン賞（白黒部門） ともにノミネート
★第62回（1989年）名誉賞受賞 黒澤明

米国アカデミー賞では受賞には至りませんでしたが、1954年ヴェネツィア国際映画祭で銀獅子賞を受賞するなど、世界的に非常に高い評価を受けました。黒澤明監督は、第62回アカデミー賞において日本人初の名誉賞に輝いています。

A Scene From the Movie

人を守ってこそ自分も守れる。己のことばかり考える奴は己をも滅ぼす奴だ

縁もゆかりもない村を守るために集結した孤高の侍七人。リーダーシップをとる勘兵衛は、村の地形を吟味しながら作戦を講じます。橋向こうの離れに建つ3軒はあきらめざるを得ないと結論しますが、小屋の住人・茂吉は納得しません。「自分の家を捨てて、なんで他人の家を守らなきゃいけないんだ！」そう言って槍を投げ捨てる茂吉に向かって、勘兵衛が声を荒らげて戦の心得を諭す言葉です。

剣の達人、ひとつ事に向かえば殺気みなぎる勘兵衛ですが、ふだんはいたって温和な優しい人柄です。少々の仲間割れにも動じることなく冷静な判断を下す勘兵衛が、茂吉の利己的な言動には素早く反応し「槍を取って列に戻れ！」と刀を抜いて怒声をあげます。

奇しくも、野武士の襲撃になす術もなく右往左往している百姓たちは、未知のウイルスと対峙する私たち人類の姿と重なってしまいます。勘兵衛の言葉の通り、この強敵に打ち勝つ唯一の方法は、互いに協調し力を合わせて“一つになること”しかないのです。

一丸となった村人は野武士たちの襲撃第１波を辛くもしのぎますが、勘兵衛はやがて来る“第２波”に備えて村人たちに言います。「もう大丈夫だと気を抜いた時が一番危険なのだ」と…。

日本人の誇るべき“侍スピリッツ”。それは自己を犠牲にしても他へ手を差し伸べる“崇高なる精神”です。今こそ“７人の侍”よろしく“７つの大陸”が手を組み、世界が一枚岩となって戦うべき時なのではないでしょうか。

一枚岩になることが、
強敵に打ち勝つ唯一の術

原点はテレビの洋画劇場

シネマとトモニ 1

映画好きの父と5歳年上の兄の影響で、当時小学生だった私の部屋の壁にはスティーブ・マックイーンの大きなポスターが貼ってありました。「大脱走」(194ページ参照)のワンシーンです！鉄条網の張られた国境でバイクにまたがり誰にも束縛されずわが道を行く孤高の英雄(ヒーロー)スティーブ・マックイーンが、今まさに自由な大地へと羽ばたこうとするその雄姿に憧れ胸躍らせたワケですね。

当時は、毎日各テレビ局がゴールデン・タイムに映画番組の放送枠を持っていたものです。毎日夜の9時から始まるテレビ映画劇場を観るのは、我が家の茶の間に定着した家族団らんの時でした。「荒野の七人」「史上最大の作戦」「シェーン」「ポセイドン・アドベンチャー」「燃えよドラゴン」etc …。もちろんヌンチャクを兄と一緒に手作りし"ブルース・リーごっこ"もしましたよ(笑)。

ネットもパソコンもない時代、見たことの無い異国の地で繰り広げられる夢の世界へと誘ってくれたのは、テレビで放送される映画作品の数々だったのです。

そして名物解説者とともに伝説の「名セリフ」も忘れることはできません。水曜ロードショー・水野晴郎さんの「映画ってホントにいいもんですね」というお決まりのセリフ。そして日曜洋画劇場・淀川長治さんの「次週またお会いしましょう。サヨナラ、サヨナラ、サヨナラ」という名調子は今でも耳に残っています。

わずらわしい毎日に疲れた時、
心にからんだ糸を
ほぐしてくれる13本

chapter
2

恋愛&人間関係で悩んだら
シネマ

「悲しみは、忘れていた喜びの価値を思い出させてくれるよ」
(「グッド・ウィル・ハンティング/旅立ち」より)

Marriage Story

マリッジ・ストーリー

（2019）
監督：ノア・バームバック
主演：アダム・ドライバー、スカーレット・ヨハンソン

矛盾しているけれど…、
ずっと彼を愛し続ける

And I'll never stop loving him,
even though it doesn't make sense anymore.

ニコール
（スカーレット・ヨハンソン）

Story

舞台監督を務めるチャーリー（アダム・ドライバー）と女優のニコール（スカーレット・ヨハンソン）は8歳の息子と3人で幸せな生活を送っていました。ニューヨークを活動拠点としたチャーリーの劇団は徐々に頭角を現しブロードウェイ公演をするまでに成長します。一方ロサンゼルスでのキャリアを捨てチャーリーの劇団へ加入したニコールには満たされない感情が膨らんでいきます。些細な不満はしだいに増幅し、結局2人は離婚を決意。円満に別れるつもりでしたが、離婚調停は思わぬ方向へと展開していってしまい…。

LAは広い、と本当にみんな言う

NYで育てる

LAで育てる

2人の息子
ヘンリー

バカ言うな、君は幸せだったじゃないか！

離婚協議中

聞かれないから自分の好みすら忘れた…

チャーリー
（アダム・ドライバー）

ニコール
（スカーレット・ヨハンソン）

子どもをめぐる離婚は死人が出ない死だ

弁護

チャーリーの希望は「約束」なのにニコールの場合は「話」なの？

めちゃくちゃやり手

君を見ていると私の二度目の離婚を思い出すよ…

バート

ノラ
（ローラ・ダーン）

実在の弁護士をモデルにしている

Cast&Staff

監督：ノア・バームバック
脚本：ノア・バームバック
出演：アダム・ドライバー、スカーレット・ヨハンソン、ローラ・ダーン、レイ・リオッタ、他
音楽：ランディ・ニューマン
撮影：ロビー・ライアン
編集：ジェニファー・ラム

Check The Awards

★第92回（2019年） 助演女優賞受賞 ローラ・ダーン

作品賞、主演男優賞（アダム・ドライバー）、主演女優賞（スカーレット・ヨハンソン）、脚本賞、作曲賞の5部門にノミネートされました。スカーレット・ヨハンソンは「ジョジョ・ラビット」で助演女優賞にもノミネート、アダム・ドライバーも前年の「ブラック・クランズマン」での助演男優賞に続く2年連続のノミネートで初受賞を狙いましたが、「ジョーカー」のホアキン・フェニックスに軍配があがりました。

A Scene From the Movie

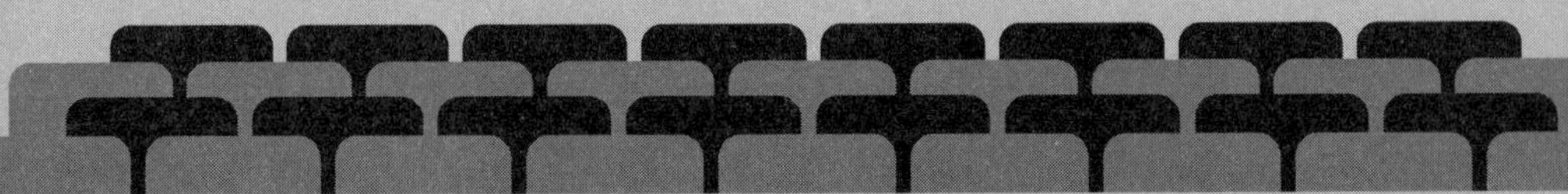

矛盾しているけれど…、
ずっと彼を愛し続ける

別々の人生を歩む決意をしたニコールとチャーリー。離婚調停カウンセラーは「相手のよいところをリストアップしてみる」という作業を提案します。「そもそも、なぜこの人と結婚したのか」という初心を思い起こすことが、憎しみ合うことなく、それぞれの人生を歩み出すために必要なプロセスだというのです。

ニコールは、夫チャーリーの長所を書き連ねます。「子煩悩でよいパパ」「几帳面で整理整頓は彼の仕事」「とにかく仕事ができて、ぶれない」「自分の望みがハッキリしている、そこが私と正反対」…。そんなリストの最後に添えたニコールの切ない言葉です。

恋愛関係とは矛盾に満ちた不思議なつながりです。好きだからこそ憎み、依存していながら束縛を嫌う。負けず嫌いな性格に共感したのにもかかわらず、互いに譲らないので衝突してしまう…。

かつてニコールはチャーリーに出会い、2秒で恋に落ちてしまいました。恋する理由は様々ですが、その多くは“自分には無い相手の能力”に魅了される所から始まります。“話し上手”が“聞き上手”と相性がよかったり、“か弱い人”が“力持ち”に憧れたりする理由です。生物学的に見れば、“自分と違うことこそが貴重”だということです。

そうです！むしろ違うことこそがパートナーと一緒にいる意味なのです。改めて目の前に居る人を見てみましょう。自分と違えば違うほど、ずっと愛し続けることができるはずですよ。

違うからこそ惹かれる。
それが一緒にいる意味

Titanic

タイタニック

（1997）
監督：ジェームズ・キャメロン
主演：レオナルド・ディカプリオ、ケイト・ウィンスレット

理屈も何もない、だから信じられるの

It doesn't make any sense.
That's why I trust it.

ローズ・デウィット・ブケイター
（ケイト・ウィンスレット）

Story

夢を抱いてアメリカを目指す画家志望のジャック（レオナルド・ディカプリオ）。ポーカーで手に入れたチケットで豪華客船タイタニック号に乗船し、上流階級の娘ローズと運命的に出会います。ローズにはキャルドン（ビリー・ゼイン）という婚約者がいましたが、互いに惹かれ合う2人は身分の違いを越えて熱い恋に落ちていきます。そんな時、タイタニック号は氷山に接触し大きく破損、大量の浸水に逃げまどう乗客とともに沈んでいく船上で、互いの絆を誓い合ったジャックとローズでしたが…。

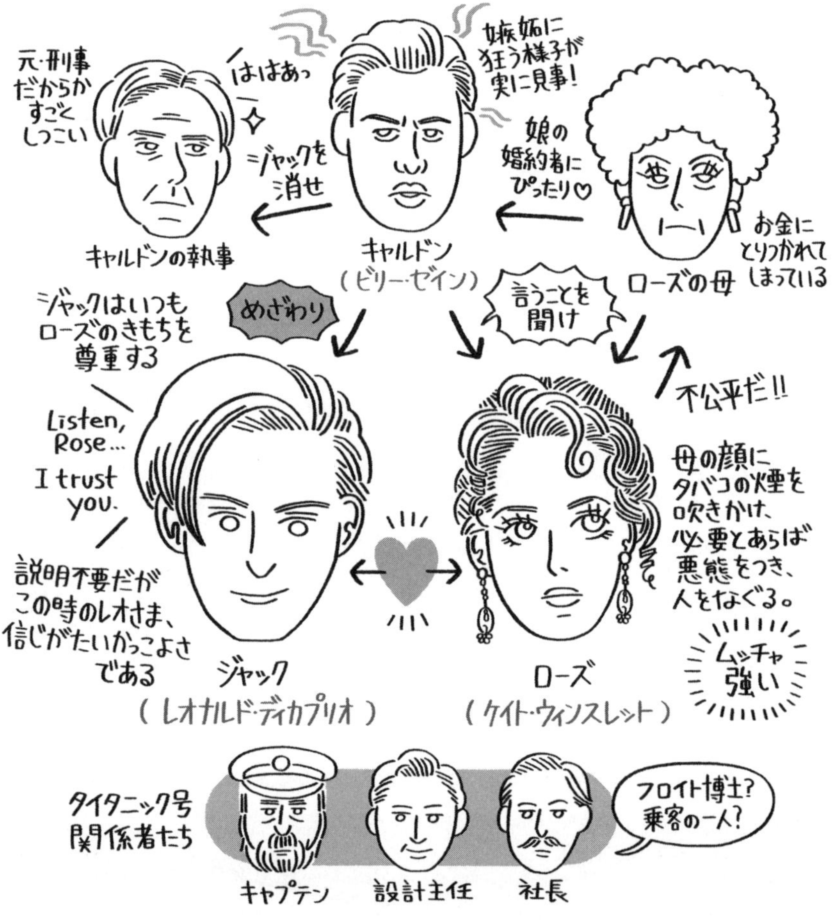

元・刑事だからかすごくしつこい

ははあっ

嫉妬に狂う様子が実に見事！

ジャックを消せ

娘の婚約者にぴったり♡

キャルドンの執事

キャルドン（ビリー・ゼイン）

ローズの母

お金にとりつかれてしまっている

ジャックはいつもローズのきもちを尊重する

めざわり

言うことを聞け

不公平だ!!

Listen, Rose… I trust you.

母の顔にタバコの煙を吹きかけ、必要とあらば悪態をつき、人をなぐる。

説明不要だがこの時のレオさま、信じがたいかっこよさである

ジャック（レオナルド・ディカプリオ）

ローズ（ケイト・ウィンスレット）

ムッチャ強い

タイタニック号関係者たち

キャプテン

設計主任

社長

フロイト博士？乗客の一人？

Cast&Staff

監督：ジェームズ・キャメロン
脚本：ジェームズ・キャメロン
出演：レオナルド・ディカプリオ、ケイト・ウィンスレット、ビリー・ゼイン、キャシー・ベイツ、他
音楽：ジェームズ・ホーナー
撮影：ラッセル・カーペンター
編集：コンラッド・バフ、ジェームズ・キャメロン、リチャード・A・ハリス

Check The Awards

**★第70回（1997年）監督賞 ジェームズ・キャメロン
作品賞／撮影賞／編集賞／美術賞／衣装デザイン賞／作曲賞／歌曲賞／録音賞／音響効果編集賞／視覚効果賞受賞**

11部門の受賞は、「ロード・オブ・ザ・リング／王の帰還」（2003）と並ぶアカデミー史上最多記録（2020年現在）として君臨しています。また14部門ノミネートも「ラ・ラ・ランド」（2016）「イヴの総て」（1950）に並ぶ歴代最多タイ記録です。

A Scene From the Movie

タイタニック号は
人の数だけ
美学と生き様を
乗せていました。

カルテットの
物語だけでも
映画が一本作れて
しまいそうなほど
彼らの演奏には
胸を打たれる！

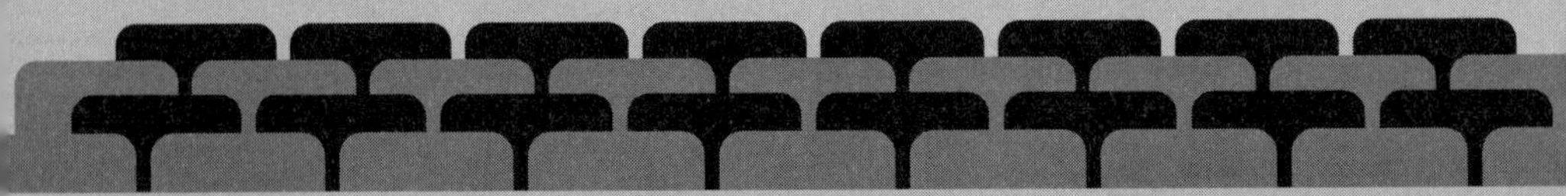

理屈も何もない、
だから信じられるの

運命的に出会ったジャックとローズは、あっという間に恋に落ちてしまいました。2人は、この長い航路の終着点であるニューヨークの地を、ともに歩む人生の出発点とすることを誓います。「僕を信じられるかい？」と問うジャックに対して、すべてを棄てジャックと生きる決意をしたローズが応える言葉です。

ローズの婚約者のキャルドンは、金や名誉に対する執着心が強く利己的で、狡知に長けた人物です。一方ジャックは、その日暮らしの楽天家。それでも友人たちとのかけがえのない瞬間を大切にしながら、貧しいけれど夢を持って人生を楽しんでいます。

時には汚い言葉で罵り合い、お酒に興じて感情のままに踊り大声で笑い合う。そんなたわいもないことが、ローズにとっては新鮮でした。窮屈なコルセットで締め付けられるように、厳格なしきたりと規則に縛られてきたローズ。見栄と虚勢のはびこる狭い世界で生きてきた彼女は、ジャックと出会い果てしなく広がる海原の向こうに希望の世界を見たのでしょう。ジャックの生き方に共鳴したローズの、心の底から湧き立つ熱い感情に理屈などありません。だからこそ疑う余地はないのです。

「僕は人生を贈り物だと思っている。どんなカードが配られてもそれを全て大切にしたいと思っているんだ」そうジャックは言います。よいことも悪いこともすべてを貴重な贈り物として受け入れることができれば、人生というゲームを心から楽しむことができるのですね。

人生はすべてが奇跡。
そこに理屈はない

Cold Mountain

コールド マウンテン

（2003）
監督：アンソニー・ミンゲラ
主演：ジュード・ロウ、ニコール・キッドマン

君を想ったから暗い淵に
滑り落ちずにすんだんだ

You are all that keeps me
from slidin' into some dark place.

インマン
（ジュード・ロウ）

Story

美しい村コールドマウンテンで暮らしていたインマン（ジュード・ロウ）と、村に引っ越してきた牧師の娘エイダ（ニコール・キッドマン）は出会ってすぐに恋に落ちます。しかし時は南北戦争のさなか、インマンは南軍の兵士として戦地へ出征することになります。村で荒れた土地と懸命に格闘しながら帰りを待つエイダ。戦地で負傷し生死の境をさ迷ったインマンは、エイダへの想いに突き動かされるように軍を脱走し、遠い故郷コールドマウンテンを目指すのですが…。

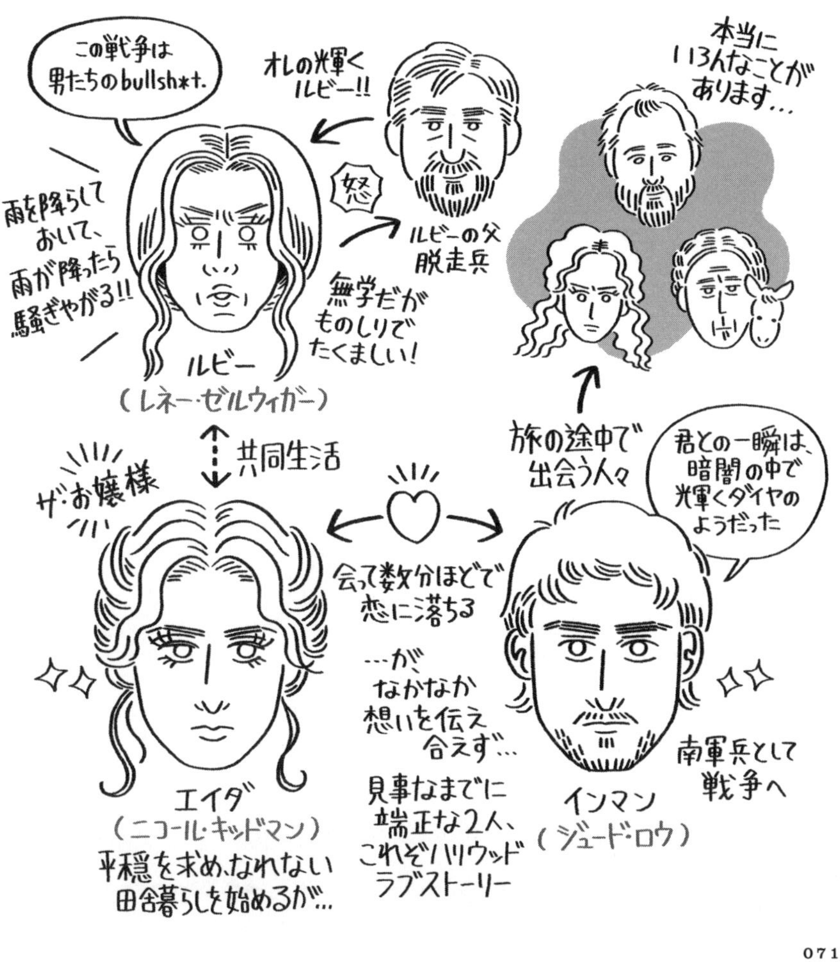

この戦争は男たちのbullsh*t.
オレの光輝くルビー!!
本当にいろんなことがあります…
雨を降らしておいて、雨が降ったら騒ぎやがる!!
怒
ルビーの父 脱走兵
無学だがものしりでたくましい!
ルビー（レネー・ゼルウィガー）
共同生活
ザ・お嬢様
旅の途中で出会う人々
君との一瞬は、暗闇の中で光輝くダイヤのようだった
会って数分ほどで恋に落ちる
…が、なかなか想いを伝え合えず…
南軍兵として戦争へ
エイダ（ニコール・キッドマン）
平穏を求め、なれない田舎暮らしを始めるが…
見事なまでに端正な2人、これぞハリウッドラブストーリー
インマン（ジュード・ロウ）

Cast&Staff

監督：アンソニー・ミンゲラ
脚本：アンソニー・ミンゲラ
出演：ジュード・ロウ、ニコール・キッドマン、レネー・ゼルウィガー、ナタリー・ポートマン、他
音楽：ガブリエル・ヤレド
撮影：ジョン・シール
編集：ウォルター・マーチ

Check The Awards

★第76回（2003年）助演女優賞受賞 レネー・ゼルウィガー

受賞部門の他、主演男優賞（ジュード・ロウ）、作曲賞、撮影賞、編集賞にもノミネートされました。レネー・ゼルウィガーは前年の第75回に「シカゴ」で、そして第74回には「ブリジット・ジョーンズの日記」で主演女優賞にノミネート、3年連続候補の末につかんだ初受賞の栄誉でした。この年、渡辺謙が「ラスト・サムライ」で助演男優賞に、そして山田洋次監督の「たそがれ清兵衛」が外国語映画賞にノミネートされ注目が集まりましたが、ともに受賞はなりませんでした。

A Scene From the Movie

君を想ったから暗い淵に
滑り落ちずにすんだんだ

エイダへの思いを胸に脱走兵となり、過酷な道のりを歩き続けたインマンは、度重なる困難を乗り越えてきました。それはエイダも同様です。1人で生きていく術を持たない彼女にとって、毎日の命を繋ぐことだけでも精一杯だったからです。そんな2人が辛く長い時を経て再会し、互いの愛情の在りかを確かめ合うように交わす熱い言葉です。

出征前、2人がともに過ごした時間は数日だけでした。出会った瞬間に心惹かれ合った2人でしたが、永遠の愛を確認し合う間もなくインマンが戦地へと駆り出されてしまったからです。

「私たちが一緒にいたのはほんの一瞬だけよ」そう言うエイダに対し、インマンは強く言葉を重ねます。「その一瞬は、数千の瞬間の集まりなんだ」と。

村にやって来たエイダを初めて見たあの瞬間、はしごの上から思い切って声をかけた瞬間、ピアノを弾くエイダの姿、そして唇を重ね合った永遠の一瞬…。たとえ共有した時間は短くとも、かけがえのない瞬間が重なり合った貴重な時は、空虚な千年にも勝る永遠の時間なのです。

しかし、有り余る時間の中ではその“大切な瞬間”を実感できないもの。不自由な生活を強いられて初めてその貴重さを知ることができるのです。今、目の前にいる大切な人の“笑顔”を心に焼き付けてください。その笑顔さえあれば、どんなに辛い状況でも乗り越えていけるはずですよ。

濃密な瞬間は、
千年にも勝る永遠の時間

Whiplash

セッション

（2014）
監督：デイミアン・チャゼル
主演：マイルズ・テラー

この世の中で最も危険な言葉を教えてやろう。それはこの2語、“Good Job（上出来）”だ

There are no two words in the English language more harmful than "good job".

テレンス・フレッチャー
（J・K・シモンズ）

Story

名門音楽大学に入学したアンドリュー（マイルズ・テラー）は、カリスマ教師フレッチャー（J・K・シモンズ）と出会い、彼のバンドへドラマーとしての参加を許されます。ハイレベルな環境で技術を磨きたいアンドリューは胸を躍らせ彼の指導に臨みますが、待ち受けていたのは容赦なく浴びせられる罵声とダメ出しの続く地獄のレッスンでした。

日常の全てを練習に捧げ、自分を追い込み必死にもがくアンドリューでしたが、次第に精神的に追い詰められていき…。

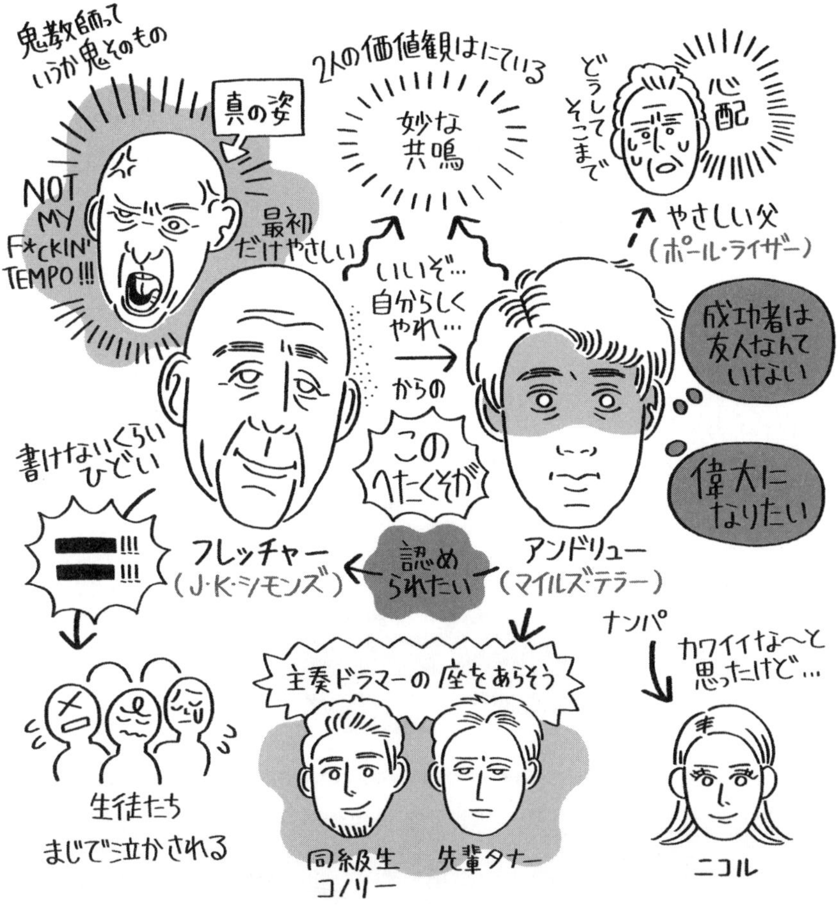

Cast&Staff

監督：デイミアン・チャゼル
脚本：デイミアン・チャゼル
出演：マイルズ・テラー、J・K・シモンズ、ポール・ライザー、メリッサ・ブノワ、他
音楽：ジャスティン・ハーウィッツ
撮影：シャロン・メール
編集：トム・クロス

Check The Awards

★第87回（2014年）助演男優賞受賞 J・K・シモンズ 編集賞／録音賞受賞

第89回（2016年）アカデミー賞において、「ラ・ラ・ランド」で監督賞をはじめとする6部門の受賞を果たしたデイミアン・チャゼルが、全くの無名から一躍スターダムへと上り詰めるきっかけとなったのが本作品です。チャゼル監督が、自身の短編作品「Whiplash（ウィップラッシュ）」を基に脚本を担当、作品賞とともに脚色賞へもノミネートされました。

A Scene From the Movie

この世の中で最も危険な言葉を教えてやろう。それはこの2語、“Good Job（上出来）”だ

アンドリューと鬼教師フレッチャーは、久しぶりに偶然街のジャズバーで再会しグラスを傾け会話を交わします。フレッチャーは、妥協を許さずパーフェクトを要求し続ける自身の厳しい指導法について「期待以上のところまで生徒を押し上げるためには絶対に必要なことだ」と、伝説のサックス奏者チャーリー・パーカーの逸話を引き合いに、その意味をあらためて強調するのでした。

若き日のチャーリー・パーカーは、稚拙な演奏に怒った先輩ミュージシャンからシンバルを投げつけられながらも、その悔しさをバネにして成長したのだとフレッチャーは言います。確かに”いい加減な誉め言葉”は、覚醒前の貴重な才能を殺してしまいかねない無責任なものです。適当なところで妥協する“グッジョブ”のコメントは、「まあいいんじゃないの」と同義でしょう。つまり裏を返せば、“たいしてよくない”という意味でもあります。より高みを目指すのであれば遠慮のない「ダメ出し」が必要だというワケです。

しかし厳しさは、それだけでは意味を成しません。“ダメ”を謙虚に受け入れ、困難にも負けず努力し続けるためには、“相手を信じ切る確固たる気持ち”が不可欠だからです。楽曲は“フォルテシモ（非常に強く）”だけでも“ピアニシモ（非常に弱く）”だけでも成立しないもの。“厳しさ”と“優しさ”も同様です。相反する2つが相乗的に効果するために必要なこと、それは互いの特性を認め、求め合うという信頼関係なのですね。

互いの信頼が、
厳しさを優しさに変える

Good Will Hunting

グッド・ウィル・ハンティング/旅立ち

（1997）
監督：ガス・ヴァン・サント
主演：マット・デイモン

悲しみは、
忘れていた喜びの価値を
思い出させてくれるよ

Cause you'll have bad times
but they'll always wake you up to the good stuff
you weren't paying attention to.

ショーン・マグワイア
（ロビン・ウィリアムズ）

Story

数学の権威ランボー教授が学生に出した超難問を、大学の清掃員ウィル（マット・デイモン）がいとも簡単に解いてしまいます。天才的な頭脳に驚いた教授は彼の才能を開花させようと考えますが、幼児期に受けた虐待経験から人を信用できないウィルは容易に心を開かないのでした。

困った教授は、心理学の講師ショーン（ロビン・ウィリアムズ）にカウンセリングを依頼します。ショーンもまた妻を失い苦しみの中にいました。それでも真正面から向き合う姿が、頑だったウィルをしだいに変えていき…。

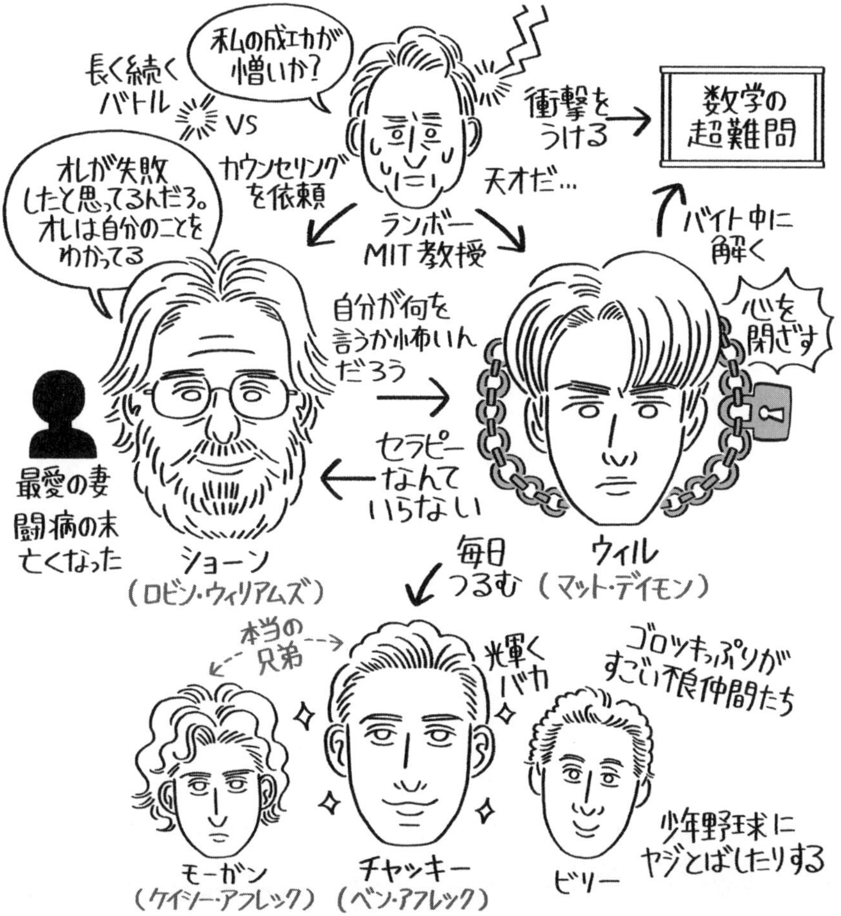

Cast&Staff

監督：ガス・ヴァン・サント
脚本：マット・デイモン、ベン・アフレック
出演：ロビン・ウィリアムズ、マット・デイモン、ベン・アフレック、ケイシー・アフレック、ミニー・ドライヴァー、他
音楽：ダニー・エルフマン、ジェフリー・キンボール
撮影：ジャン=イヴ・エスコフィエ
編集：ピエトロ・スカリア

Check The Awards

★第70回（1997年）助演男優賞受賞 ロビン・ウィリアムズ 脚本賞受賞 マット・デイモン、ベン・アフレック

過去3回ノミネートされながらオスカー像を逃していたロビン・ウィリアムズが、4度目にして初受賞の栄誉に輝きました。この作品の脚本は、幼なじみのマット・デイモンとベン・アフレックが無名時代に書いたもの。脚本賞を受賞し、マット・デイモンは主演男優賞にもノミネートされ一躍注目されることになります。

A Scene From the Movie

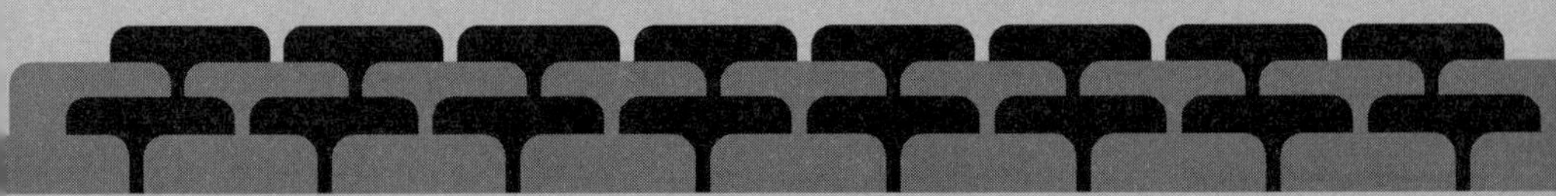

悲しみは、忘れていた喜びの価値を思い出させてくれるよ

心理学者のショーンが、カウンセリングの中でウィルに向かって語る深い言葉です。

２年前に最愛の妻に先立たれ、深い喪失感と孤独の中で苦しみながら生きてきたショーンにとって、妻と過ごした記憶が壊れかけた心の支えでした。ショーンは、妻とともに生きた人生に感謝をして生きているのです。

一方ウィルは、幼児期に受けた虐待経験から心に深い傷を負い、自分の小さな世界の中で虚勢をはって生きてきました。過去を恨み、現実から目を背けその日暮らしの屈折した人生を歩んできたのです。そんなウィルに対して、ショーンは傷ついた心をさらけ出しながら、自身の過去と向き合うことの大切さを伝えようとします。

「妻は寝ている時にオナラをする変なクセを持っていたんだ」とショーンは笑いながら話します。そしてこう続けます。「世間では変なクセを欠点だというけれど、そうではない。とても良いものだよ」と。彼女と人生をともに歩んだからこそ知っている秘密、自分たちだけの懐かしい思い出だというのです。

誰にも辛い記憶や忘れたい過去があるものです。しかしどんな悲しい記憶でさえ、捨て去る必要はありません。悲しみがあるからこそ、今の喜びを実感できるとも言えるのです。辛い過去や悲しい記憶を含めて“すべての経験”が今の自分を作っているのですから。

悲しみがあったからこそ、
今の喜びを実感できる

★★★★★

Boyhood

6才のボクが、大人になるまで。

（2014）
監督：リチャード・リンクレイター
主演：エラー・コルトレーン

その一瞬を逃すなって言うけど逆に思えるの。一瞬が私たちのことを掴むんだって

You know how everyone's always saying, "Seize the moment"? I'm kinda thinkin' it's the other way around. You know,like, the moment seizes us.

ニコル

（ジェシー・メクラー）

Story

テキサスに住む6歳の少年メイソン（エラー・コルトレーン）の両親は離婚、母オリヴィア（パトリシア・アークエット）と姉サマンサの3人暮らしです。定期的に会いに来る父親（イーサン・ホーク）は奔放な男で、家庭的ではありませんが頼りになる身近な相談相手でした。

やがて母が再婚し互いの連れ子とともに始まった新しい生活。幸せかと思われましたが、アルコール依存症の継父ビルの暴力が家族を壊していきます。様々な経験を重ね成長していくメイソンはやがて思春期を迎えて…。

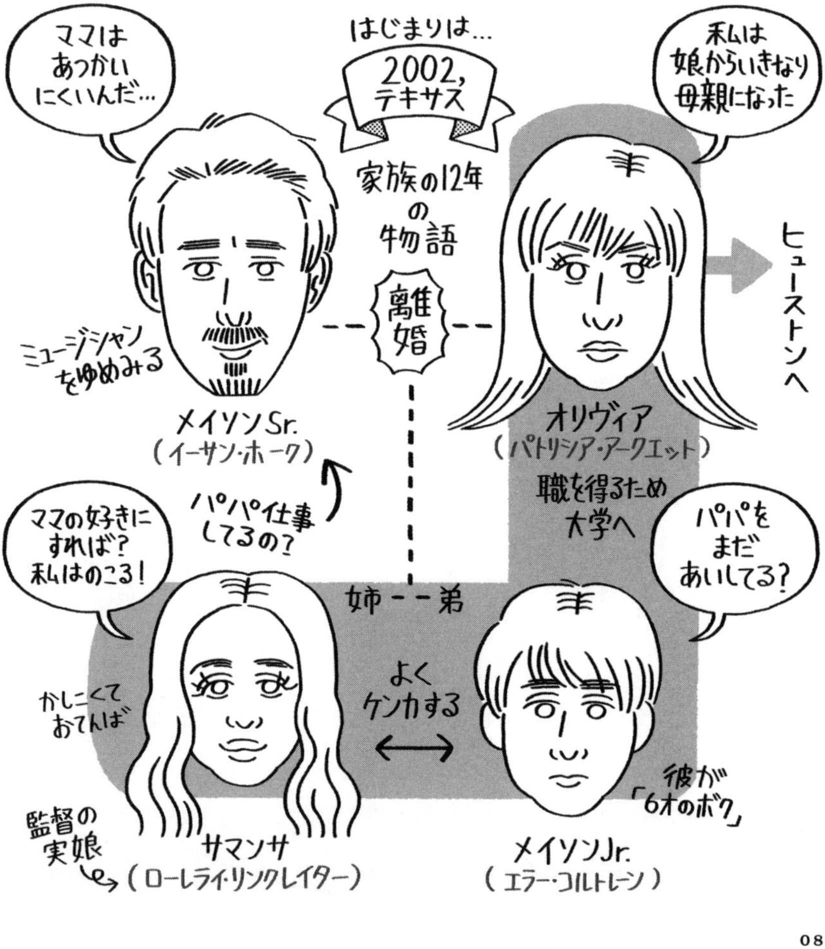

Cast&Staff

監督：リチャード・リンクレイター
脚本：リチャード・リンクレイター
出演：パトリシア・アークエット、エラー・コルトレーン、イーサン・ホーク、ジェシー・メクラー、他
音楽監修：ランドール・ポスター、メーガン・カリアー
撮影：リー・ダニエル、シェーン・ケリー
編集：サンドラ・エイデアー

Check The Awards

★第87回（2014年）助演女優賞受賞 パトリシア・アークエット

「ビフォア・サンライズ 恋人までの距離」（1995）から連なる「ビフォア3部作」に象徴される、映画のストーリーと現実の時間経過をリンクさせる手法を得意とするリチャード・リンクレイター監督。本作では主演の少年の成長を、家族の変遷とともに12年間撮影し続けました。作品賞、監督賞、脚本賞、編集賞とともに父親役のイーサン・ホークが助演男優賞にノミネートされましたが、「セッション」（74ページ参照）のJ・K・シモンズがオスカー像を手にしました。

A Scene From the Movie

その一瞬を逃すなって言うけど逆に思えるの。一瞬が私たちのことを掴むんだって

大学へ進学したメイソンは、学校の寄宿舎でダルトン（マクシミリアン・マクナマラ）という陽気なルームメイトと出会いました。メイソンはダルトンと彼の恋人、そして彼女の友人ニコル（ジェシー・メクラー）と連れ立ち4人で近くの渓谷へトレッキングへと出かけます。初めて会ったとは思えないような居心地の良い会話がはずみ、夕日が美しい大自然の中で、ニコルが風に吹かれながらメイソンに向かって言う言葉です。

メイソンは高校時代、シーナという女性と真剣に付き合っていましたが、いつしか彼女の心は離れてしまいました。彼女との別れを引きずったまま街を離れたメイソンでしたが、登校初日からダルトンという新しい友人と親しくなります。そのうえニコルという魅力的な女性と出会うチャンスに恵まれるなんて、人生はなんて気まぐれなのでしょうか。

幼かったメイソンが今日まで過ごしてきた時は、この瞬間へと途切れることなく繋がっていたワケです。メイソンはニコルの言葉に応えます。「それわかるよ。普遍なんだ。一瞬とは…、常に今ある時間のことなんだね」と。

私たちは、“特別な一瞬”が訪れるのを待ち望んでしまいますが、実はその“瞬間”も毎日の時間の一部に過ぎません。美しい夕日、澄んだ風、鳥のさえずり…。そんな些細な出来事は、いつでもすぐそこにあります。目の前のありふれた風景の中に潜んでいる“貴重な瞬間”を“特別な一瞬”として感じ取ることができるか否か。それはすべて自分のココロ次第なのですね。

すべての瞬間の連なりが、
今日の一瞬へと繋がっている

★★★★★

As Good as It Gets

恋愛小説家

（1997）
監督：ジェームズ・L・ブルックス
主演：ジャック・ニコルソン、ヘレン・ハント

問題は君の人生が
不幸だってことじゃない。
他人の幸福に
腹を立てる気持ちが、
君自身を
不幸にしているってことだ

What makes it so hard is not that you had it bad...
but that you're that pissed
that so many others had it good.

メルヴィン・ユドール
（ジャック・ニコルソン）

Story

人気恋愛小説家のメルヴィン（ジャック・ニコルソン）は、行きつけのレストランでも厄介者扱いの毒舌家ですが、そこで働くキャロル（ヘレン・ハント）に密かな恋心を抱いていました。潔癖症で偏屈な彼ですが、ある日、隣の部屋に住むゲイの画家サイモン（グレッグ・キニア）の犬をやむなく預かることになります。

犬との交流から新たな気持ちを芽生えさせていくメルヴィンは、キャロルやサイモンとも言葉を交わすようになっていくのでしたが…。

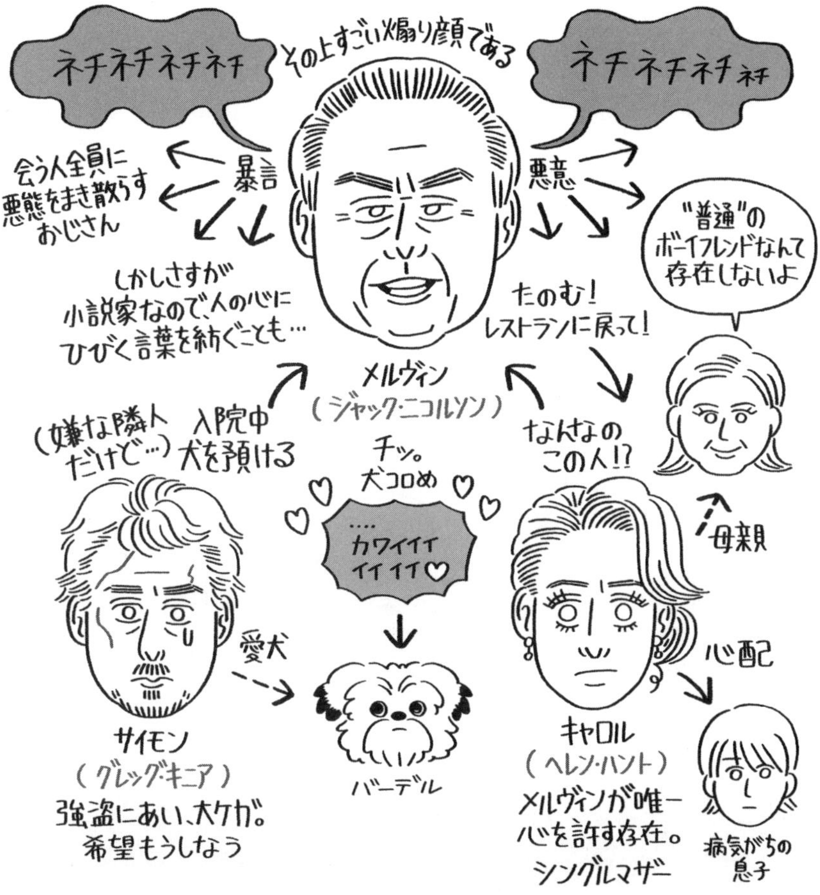

ネチネチネチネチ
その上すごい煽り顔である
ネチネチネチネチネチ
暴言
会う人全員に悪態をまき散らすおじさん
悪意
"普通"のボーイフレンドなんて存在しないよ
しかしさすが小説家なので、人の心にひびく言葉を紡ぐことも…
たのむ！レストランに戻って！
メルヴィン（ジャック・ニコルソン）
（嫌な隣人だけど…）
入院中犬を預ける
チッ。犬コロめ
なんなのこの人!?
母親
…カワイイイイイイイ♡
愛犬
心配
サイモン（グレッグ・キニア）
強盗にあい、大ケガ。希望もうしなう
バーデル
キャロル（ヘレン・ハント）
メルヴィンが唯一心を許す存在。シングルマザー
病気がちの息子

Cast&Staff

監督：ジェームズ・L・ブルックス
脚本：マーク・アンドラス、ジェームズ・L・ブルックス
出演：ジャック・ニコルソン、ヘレン・ハント、グレッグ・キニア、キューバ・グッティング・Jr、他
音楽：ハンス・ジマー
撮影：ジョン・ベイリー
編集：リチャード・マークス

Check The Awards

★第70回（1997年）主演男優賞受賞 ジャック・ニコルソン
主演女優賞受賞 ヘレン・ハント

主演女優賞を受賞したヘレン・ハントは、この年のアカデミー授賞式を席巻した「タイタニック」（11部門受賞）でノミネートされていた、ケイト・ウィンスレットを退けての栄誉でした。また主演男優賞を受賞したジャック・ニコルソンは3度目のオスカー受賞となりました。

A Scene From the Movie

問題は君の人生が不幸だってことじゃない。他人の幸福に腹を立てる気持ちが、君自身を不幸にしているってことだ

長い間確執があり、ずっと疎遠だった父親を訪ねる決意をした画家のサイモンは、旅をともにするメルヴィンとキャロルに自分の生い立ちを打ち明け始めます。ゲイであることを理解されず、父親から虐待を受けたつらい過去。そんな自分の不幸を嘆くサイモンに対し、歯に衣着せぬ言葉で厳しくも優しく叱咤(しった)するメルヴィンの言葉です。

ロマンチックなフレーズをスラスラと書き連ね「恋愛小説家」として大成しているメルヴィンですが、ことプライベートにおいては真逆の生活。相手を選ばず毒を吐き、人の心に土足で踏み込むやっかいな変人です。

しかし無神経でデリカシーに欠けるメルヴィンの毒舌は、“正直で偽りのない純粋な言葉”であるとも言えます。

常識的な大人は、相手を傷つけないように言葉を選びます。しかしそれは無意識のうちに自分が憎まれてしまうことを避けている、いわば保身の手段にすぎないのかもしれません。本音を隠したありきたりな言葉は、その場しのぎの慰めにこそなれ、根本的な問題の解決には役立たないものです。ありのままの本音を伝え解決への糸口を一緒に探ることこそが、“真の愛情”の姿なのではないでしょうか。

メルヴィンとキャロルのように、一見すると罵り合いにしか見えないやり取りが、互いのダメな部分をつつき合い“膿(うみ)”を出すこともできるもの。百人いれば百通りの愛情の表現方法があって良いということですね。

愛情表現は人それぞれ。
だから幸せのカタチも違う

★★★★★

A Beautiful Mind

ビューティフル・マインド

（2001）
監督：ロン・ハワード
出演：ラッセル・クロウ

愛という不思議な
方程式の中に、
どんな答えも見つかる。
君がすべての答えなのだ

It is only in the mysterious equations of love
that any logical reasons can be found.
I'm only here tonight because of you.

ジョン・ナッシュ
（ラッセル・クロウ）

Story

類まれな数学の能力を持つジョン・ナッシュ（ラッセル・クロウ）。人付き合いは悪く、大学でひとり研究に没頭する変人です。教え子アリシア（ジェニファー・コネリー）と出会い、結婚しますが、時は米ソ冷戦下。ジョンの天才的な頭脳は軍の暗号解読に利用され、極秘任務を課されることになるのでした。

大きなプレッシャーの中、ジョンの精神はしだいに壊れていきます。献身的に彼を支え、ともに生きるアリシアでしたが、思わぬ事態が明らかになっていき…。

めちゃすてき

現実ではこの共演がきっかけで結婚!

確率の
法則に反して
ボクをミリョク的
だと…？

好きよ!

いつでも
味方

アリシア
（ジェニファー・コネリー）

チャールズ
大学のルームメイト

ははは

ウケた

脳みそは人の
2倍、ハートは人の半分、
と言われた事がある

彼には
なんでもないところ
から数字や暗号
がみえてくる

ライバル視

仕事を依頼

ジョン・ナッシュ
（ラッセル・クロウ）

数学を愛してるが
人間関係は苦手、
余計なことばかり
言ってきらわれる…

ハンセン
ジョンと同じく首席で
プリンストン大入学

みてるぞ

ずっと
みてるぞ…

パーチャー
（エド・ハリス）
ジョンの結婚式も遠くからみてた

Cast&Staff

監督：ロン・ハワード
脚本：アキヴァ・ゴールズマン
出演：ラッセル・クロウ、ジェニファー・コネリー、エド・ハリス、クリストファー・プラマー、他
音楽：ジェームズ・ホーナー
撮影：ロジャー・ディーキンス
編集：マイク・ヒル、ダニエル・P・ハンレイ

Check The Awards

★第74回（2001年）作品賞／脚色賞受賞
監督賞受賞 ロン・ハワード
助演女優賞受賞 ジェニファー・コネリー

受賞した4賞に加え、主演男優賞、作曲賞、編集賞、メイクアップ＆ヘアスタイリング賞にもノミネート。「アポロ13」や「バックドラフト」などのヒット・メイカー、ロン・ハワード監督のアカデミー初受賞作品です。

A Scene From the Movie

愛という不思議な方程式の中に、
どんな答えも見つかる。
君がすべての答えなのだ

ジョンがノーベル経済学賞授与式の壇上から、長い間献身的に支え続けてくれた妻・アリシアに向かって静かに語りかける深い言葉です。

統計解析などの論理的思考に人並み外れた能力を持ち、物事の真理を解き明かす究極の理論を求め続けているジョンは、すべての事象を数式に当てはめて生きてきました。そんな彼が最も不得意としていたものが人の心です。人の心は、公式や方程式では解けない複雑でわずらわしいものだからです。

しかし大きな重圧から心を病み、現実と妄想の中で苦しむ彼を救いだしたのは、科学的な治療や薬ではなく、ましてや論理的な数式や物理的な公式でもありませんでした。それは紛れもなくアリシアによる献身的な愛の力だったのです。

「癒」という漢字の中には、和らぐという意味を持つ「兪」の字が入ります。そして注目すべきは、その下にある“心”という文字の存在でしょう。そこには、“病を治す”ことができるのは、“人の心”を持って他にはない、という経験に基づいた深い知恵が感じられます。

数式と理論に導かれ生きてきた天才の頭脳が最終的にたどり着いた究極の答え。それは、先人たちがたどり着いた答えと同じ場所、頭の中ではなく心の中にあったというわけですね。

人の心を癒すのは、
人の心でしかない

★ ★ ★ ★ ★

Three Billboards Outside Ebbing, Missouri

スリー・ビルボード

（2017）
監督：マーティン・マクドナー
主演：フランシス・マクドーマンド

俺、ハシゴを支えるのが好きなんだ。劣等感が消える

I like holding ladders.
Takes me out of myself.

ジェームズ
（ピーター・ディンクレイジ）

Story

アメリカ・ミズーリ州エビングの街道沿いに「娘はレイプされて殺された」「未だ犯人が捕まらない」「どうして、ウィロビー署長？」という３枚の看板が掲げられました。娘を殺された母親ミルドレッド（フランシス・マクドーマンド）によるこの挑発的なメッセージ看板は、小さな田舎町の住民たちを刺激し非難が湧き起こります。看板で名指しされたウィロビー署長（ウディ・ハレルソン）は住民たちに愛される人格者であったからです。ミルドレッドの過激な行動は賛否を呼びながら連鎖し、新たな事態を呼び起こしていくのですが…。

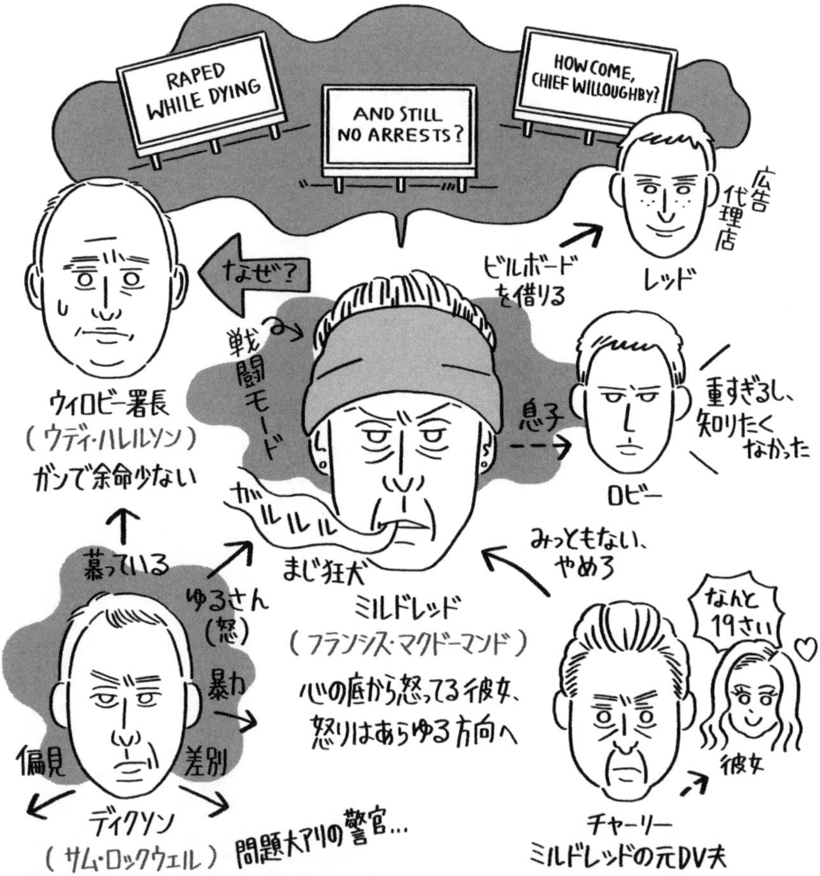

Cast&Staff

監督：マーティン・マクドナー
脚本：マーティン・マクドナー
出演：フランシス・マクドーマンド、ウディ・ハレルソン、サム・ロックウェル、他
音楽：カーター・バーウェル
撮影：ベン・デイヴィス
編集：ジョン・グレゴリー

Check The Awards

★第90回（2017年）主演女優賞受賞 フランシス・マクドーマンド
助演男優賞受賞 サム・ロックウェル

助演男優賞にはオスカーに輝いたサム・ロックウェルとともに、ウディ・ハレルソンがダブルノミネートされました。その他にも作品賞、脚本賞、作曲賞、編集賞の計6部門7つのノミネート。フランシス・マクドーマンドはコーエン兄弟作品「ファーゴ」（1996）で主演女優賞を受賞して以来2度目のオスカー像獲得、サム・ロックウェルは初ノミネートで栄誉を手にしました。

A Scene From the Movie

俺、ハシゴを支えるのが好きなんだ。
劣等感が消える

ミルドレッドは、3枚の看板に警察の不手際を非難するメッセージを掲げます。しかし反発する何者かが火を放ち看板は燃え落ちてしまいます。そんな嫌がらせにもひるむことなく、もう一度同じ看板を掲げようと自らハシゴに登るミルドレッド。小人症のジェームズは、彼女の足元で不安定なハシゴを支えながらつぶやくように言います。

黒人差別をする警官ディクソン（サム・ロックウェル）、DV癖のあるミルドレッドの元夫（ジョン・ホークス）、リストラ、貧困、同性愛者への無理解、そしてジェームズのような障害者に対する偏見や差別…。あらゆる社会問題が凝縮されているエビングの町はまさに“アメリカ社会の縮図”です。日本人の私たちにとっても他人事ではありません。

警察の怠慢を痛烈に批判したミルドレッドのメッセージは、誰もが抱えている社会への不満や権力に対する怒りの象徴なのではないでしょうか。しかしそのやり場のない“怒り”を辺り構わずぶつけてみても何も解決はしません。むしろ“怒り”は連鎖し、また別の“怒り”を生んでしまいます。ウィロビー署長は、看板のメッセージに激昂し暴行事件を起こした部下ディクソンに言います「憎しみは邪魔なだけだ」と。

怒りは“反発”を生みますが、優しさは互いを“吸引”する不思議な力を持っています。苦しい時ほど誰かに手を差し伸べてみる。ハシゴを支えるジェームズが、実は“自分自身の心を支えている”ように、他人を思いやる行動は己の心をも癒してくれるものなのですから。

怒りは反発を生み、
優しさは互いを吸引する

Silver Linings Playbook

世界にひとつのプレイブック

（2012）
監督：デヴィッド・O・ラッセル
主演：ブラッドリー・クーパー、ジェニファー・ローレンス

情けなくてみっともない部分は
必ず自分の中にあるけれど、
それが今の私を作ったの。
だから過去を含めて
自分が好きよ

There will always be a part of me
that is sloppy and dirty, but I like that,
just like all the other parts of myself.

ティファニー
（ジェニファー・ローレンス）

Story

妻の浮気現場に遭遇し、心を病んだパット（ブラッドリー・クーパー）は、仕事を失い両親とともに実家で療養していました。妻との復縁、そして社会復帰を目指すべくリハビリの毎日でしたが、ある日友人の紹介で、夫を亡くし心に傷を抱えた女性ティファニー（ジェニファー・ローレンス）と出会います。

ティファニーは、パットの心の傷をえぐり出すかのごとく辛辣な言葉を浴びせますが、本音をさらけ出す2人はしだいに共鳴していき…。

Cast&Staff

監督：デヴィッド・O・ラッセル
脚本：デヴィッド・O・ラッセル
出演：ブラッドリー・クーパー、ジェニファー・ローレンス、ロバート・デ・ニーロ、他
音楽：ダニー・エルフマン
撮影：マサノブ・タカヤナギ
編集：ジェイ・キャシディ、クリスピン・ストラザーズ

Check The Awards

★第85回（2012年） 主演女優賞受賞 ジェニファー・ローレンス

ジェニファー・ローレンスが「ウィンターズ・ボーン」（2010）での主演女優賞候補になって以来2度目のノミネートで初受賞となりました。その他、監督賞／作品賞／脚色賞／編集賞／主演男優賞（ブラッドリー・クーパー）／助演男優賞（ロバート・デ・ニーロ）／助演女優賞（ジャッキー・ウィーヴァー）7部門においてもノミネート。

演技4部門すべてでのノミネートは、第54回（1981年）「レッズ」以来31年ぶりの快挙でした。

A Scene From the Movie

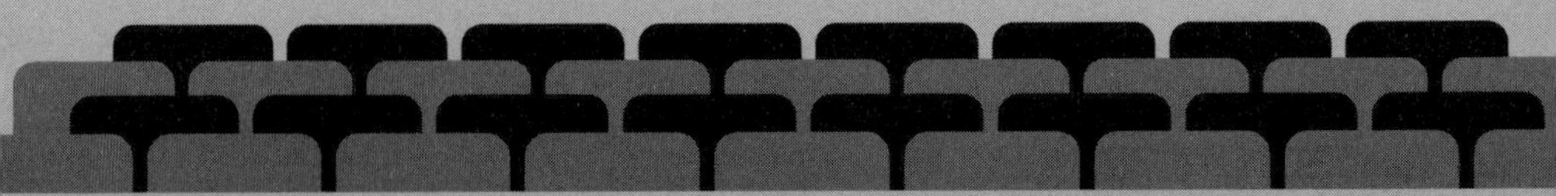

情けなくてみっともない部分は
必ず自分の中にあるけれど、
それが今の私を作ったの。
だから過去を含めて自分が好きよ

「ついてくるな、この尻軽女！」パットはティファニーに対して、つい弾みで心ない言葉を発してしまいます。ティファニーは突然事故で夫を亡くし、その壊れた心の拠り所を乱れた生活に求めていた時期があったのです。しかし、妻の浮気という現実を直視せず、他者を攻撃することで自分の弱さから逃げているパットに向かって、ティファニーは声を荒らげて言い返します。
「アンタは自分のことが好きって言える？　全部許して受け入れたら！」と。

妻の浮気現場を目の当たりにし、それをきっかけに鬱病を患ってしまったパット。病院からは退院したものの、いまだに過去を引きずり立ち直れません。そんなパットに向かってティファニーが言った言葉は、必死にもがいている彼女自身の心の声のようにも聞こえます。

人はひとりでは生きていけない生き物です。パットが元妻に執着し続けたように、ティファニーも寂しさにもがき他の男たちに依存しました。彼らほどではないにせよ、人は何らかの形で他者に依存しているのです。

2人が自身の再起と家族の運命を賭けて挑んだダンス・コンテストも同様、決してひとりでは成立できないものでした。“誰かの力を借りなければ生きていくことはできない”そう開き直ってしまえば後は簡単です。ヘタクソでも大丈夫！楽しみながら、自分たちなりのステップを踏めばいいだけなのですから。

ダメな部分もすべて自分。
足りない部分は誰かに頼ろう。

Beginners

人生はビギナーズ

（2011）
監督：マイク・ミルズ
主演：ユアン・マクレガー

付き合うなら
自分と似た相手にしろって？
アンディは違うから
好きなんだ

See you...you'd like me to be with someone like me.
I like Andy because he isn't like me.

ハル・フィールズ
（クリストファー・プラマー）

Story

オリヴァー（ユアン・マクレガー）は母親の死後、突然父親ハル（クリストファー・プラマー）からゲイであることを告げられます。驚くオリヴァーをよそに2度目の人生を謳歌する75歳の父親ハルは、息子ほどの年齢の男性・アンディと寄り添い余生を悔いなく過ごしました。

父親の最期を看取ったオリヴァーは深い喪失感の中、あるパーティでアナ（メラニー・ロラン）という女性と出会います。2人は寂しさを分け合いながら少しずつ心の扉を開き、新しい一歩を踏み出そうと努力するのですが…。

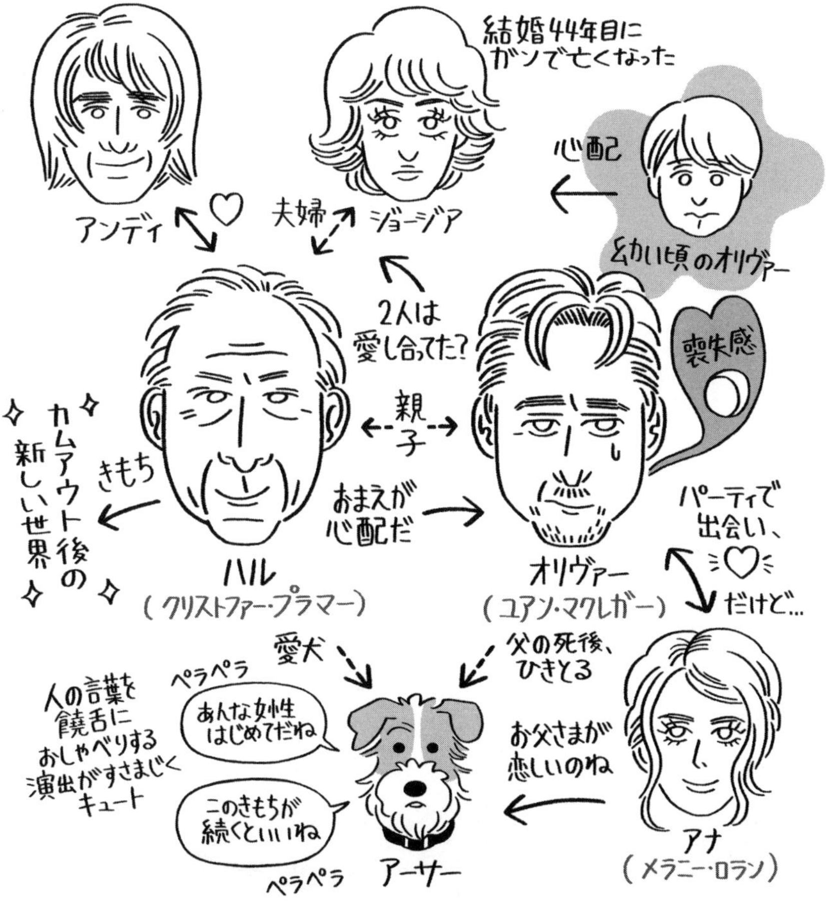

結婚44年目に
ガンで亡くなった
アンディ
夫婦
ジョージア
心配
幼い頃のオリヴァー
2人は
愛し合ってた？
喪失感
カムアウト後の
新しい世界
きもち
親子
おまえが
心配だ
パーティで
出会い、
だけど…
ハル
（クリストファー・プラマー）
オリヴァー
（ユアン・マクレガー）
愛犬
父の死後、
ひきとる
ペラペラ
人の言葉を
饒舌に
おしゃべりする
演出がすさまじく
キュート
あんな女性
はじめてだね
お父さまが
恋しいのね
このきもちが
続くといいね
ペラペラ
アーサー
アナ
（メラニー・ロラン）

Cast&Staff

監督：マイク・ミルズ
脚本：マイク・ミルズ
出演：ユアン・マクレガー、クリストファー・プラマー、メラニー・ロラン、ゴラン・ヴィシュニック、他
音楽：ロジャー・ネイル、 デイヴ・パーマー、ブライアン・レイツェル
撮影：キャスパー・タクセン
編集：オリヴィエ・ブッゲ・クエット

Check The Awards

★第84回（2011年）助演男優賞受賞 クリストファー・プラマー

82歳での演技部門受賞は、アカデミー史上最高齢受賞となりました。1974年にトニー賞（演劇作品）、1977年にはエミー賞（テレビ・ドラマ作品）を受賞し、本受賞で主要演劇賞“3冠達成”という偉業を成し遂げています。また第90回アカデミー賞において「ゲティ家の身代金」（2017）で助演男優賞にノミネートされ、こちらは88歳での史上最高齢ノミネート。「タイタニック」（1997）の助演女優賞候補となったグロリア・スチュアートの持つ87歳の記録を塗り変えました。

A Scene From the Movie

付き合うなら自分と似た相手にしろって？アンディは違うから好きなんだ

息子オリヴァーに突然ゲイであることをカミング・アウトした75歳の父親ハル。彼の恋人アンディという男性は捕まえたイモ虫を掌に包んでプレゼントするような無邪気な感性の持ち主。性別はおろか年齢も性格もオリヴァーの想像をはるかに超えていたのです。

まじめで不器用なオリヴァーに向かってハルは問いかけます。「小さい頃からずっとライオンを飼うことを夢見ていたとする。長い間ずっと待ってやっと来たのがキリンだとしたらオマエはどうする？」

ハルの突拍子もない質問に「ライオンが来るまで待つよ」と当たり前だと言わんばかりに答えるオリヴァーですが、「それが心配なんだよ」とハルは微笑みます。ハルは２つの人生を生きました。ゲイであることを隠して生きた人生と、カミング・アウトして生きた人生です。末期癌を受け入れ、自分らしく毎日を楽しむ姿はいきいきと輝いていました。

人生は思い通りには進みません。常識や理想に縛られず、時には流れに身を任せて違った道へ踏み出してみるのも一興です。「これから僕たちどうなるのかな？」オリヴァーは大切な女性アナに向かって言います。傷つくことを恐れて臆病になるオリヴァー。しかしハルの遺してくれた思い出が、彼の背中をそっと押してくれるのでした。

大切な人との別れは寂しいものです。けれど“終わりは始まり”でもあります。今までとは違う新たな一歩を踏み出し“ビギナー”を楽しんでみましょう。とにかくまずは“始めてみる”ことが必要なのですね。

今までと違う一歩を踏み出せば
“人生のビギナー”を何度でも楽しめる

The Blind Side

しあわせの隠れ場所

（2009）
監督：ジョン・リー・ハンコック
主演：サンドラ・ブロック

それは逆よ。
彼が私の人生を
変えてくれているの

No. He's changing mine.

リー・アン・テューイ
（サンドラ・ブロック）

Story

雨降る夜道で娘の同級生である黒人の少年、マイケル・オアー（クィントン・アーロン）を見かけたリー・アン（サンドラ・ブロック）は、彼を保護し食事とベッドを提供しました。礼儀正しく真摯な態度のマイケルに感銘を受けたリー・アンは、彼の劣悪な家庭環境を知り家族に迎え入れることを決意します。

その後、高校のアメフト部に入部したマイケルは、その優しすぎる性格から力を存分に発揮できませんでした。しかし彼の“仲間を守ろうとする本能”は、やがてチームの味方を守るポジションで開花していき…。

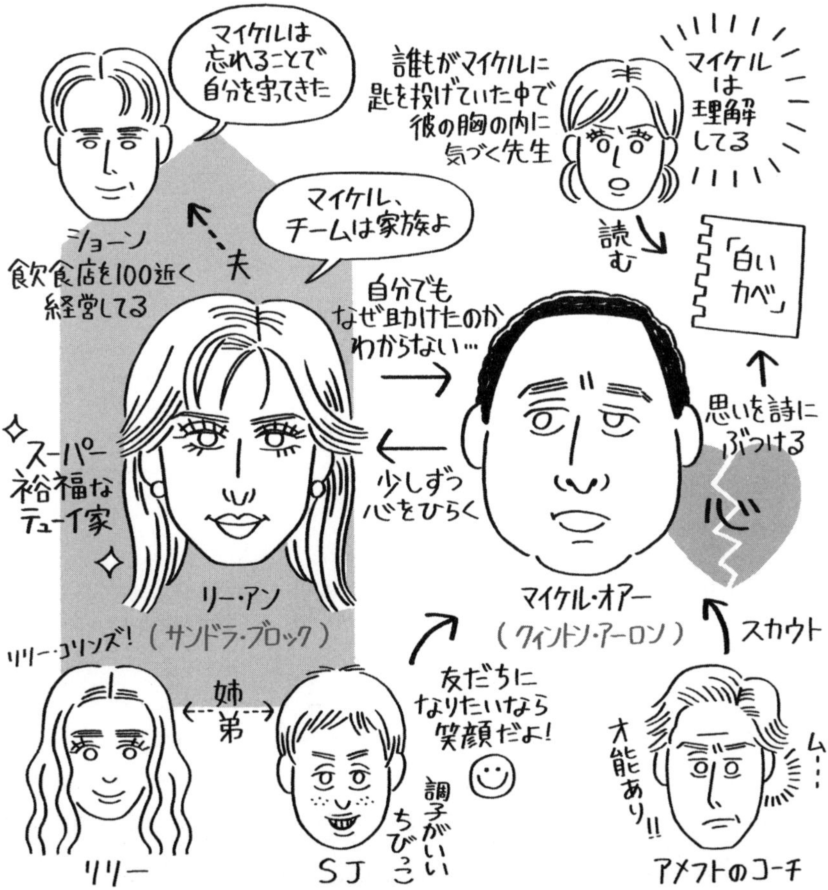

Cast&Staff

監督：ジョン・リー・ハンコック
脚本：ジョン・リー・ハンコック
出演：サンドラ・ブロック、クィントン・アーロン、ティム・マグロウ、キャシー・ベイツ、他
音楽：カーター・バーウェル
撮影：アラー・キヴィロ
編集：マーク・リボルシー

Check The Awards

★第82回（2009年）主演女優賞受賞 サンドラ・ブロック

実在の黒人フットボール選手マイケル・オアーの里親リー・アン役を演じたサンドラ・ブロックが主演女優賞を初受賞しました。第16回以降5作品だった作品賞のノミネート枠が10作品へと拡大された記念すべき年でもあり、本作も作品賞にノミネートされましたがこちらは受賞ならず。6部門の最多受賞作品「ハート・ロッカー」がその栄誉を勝ち取りました。同作で監督賞を受賞したキャスリン・ビグローは女性初のアカデミー賞受賞監督となり、こちらも記憶に残る記念すべき年となりました。

A Scene From the Movie

それは逆よ。
彼が私の人生を変えてくれているの

「あなたは立派ね。彼の人生を変えてあげているんだもの」セレブ仲間とのランチの席で、ママ友のひとりがリー・アンに向かって訳知り顔で言います。そんな偏見に満ちた発言に嫌悪感を抱きながら、リー・アンがつぶやく素直な言葉です。

恵まれた環境に暮らす白人女性リー・アン。彼女もかつては自分の住む街の隣に黒人たちの社会があることを、真剣に考えたことはなかったのです。マイケルを保護した行動も、気まぐれにすぎませんでした。

そんな彼女の心に新しい風を吹き込んでくれたのはマイケルです。その大柄な体格に反した静かな物腰。礼儀正しく優しい性格。そして何より強い家族を守る気持ち。そんなマイケルの存在が、凝り固まった偏見と誤解を壊してくれたのです。

そしてそれはマイケルにとっても同様でした。裕福な白人の社会や自分の才能への不信感が彼の心を閉ざしていたのです。2人の間にある壁を取り払い、見えなかった部分に目を向けてみることで世界は変わり、互いに生まれ変わることができました。もしかするとそれは“見えなかった”のではなく“目を背けて見て見ぬフリをしていた”だけなのではないでしょうか。

リー・アンの息子、小学生のS・Jはマイケルに言います。「笑わなきゃ。友達になりたいんだったら！」と。心の壁を取り払ってニッコリと笑いかける、そんな簡単なことで世界は一変するのかもしれませんね。

**心の壁を取り払い、
素直に笑いかければ世界は一変する**

The Revenant

レヴェナント：蘇えりし者

（2015）
監督：アレハンドロ・ゴンサレス・イニャリトゥ
主演：レオナルド・ディカプリオ

力強く根を張った木を、
風は倒すことができない

The wind cannot defeat a tree with strong roots.

ヒュー・グラスの妻
（グレイス・ドーヴ）

Story

開拓時代の西部。毛皮を大量採取する白人ハンターのガイド役として同行していたヒュー・グラス（レオナルド・ディカプリオ）は、先住民の襲撃から逃れようと分け入った森で熊に襲われてしまいます。瀕死のグラスを同行させられないと判断した隊長は、グラスの息子・ホークら数人を残し出発する苦渋の決断をします。多額の報酬と引き換えにグラスを看取る面倒な任務を引き受けたフィッツジェラルド（トム・ハーディ）でしたが、なかなか命の灯を消さないグラスに苛立ち始め、やがてホークともいさかいが生じ…。

クマ
子グマ
ガルルル
生きのびてやる
絶対絶対
息子ホーク
ガイドに同行
父さんがついてる
ヒュー・グラス
（レオナルド・ディカプリオ）
ハンター団のガイド
スクリーン史上1、2を争う満身創痍ぶりを怪演してみせた
レオさま、あっぱれ
先住民の亡き妻
じゃまだな〜
毛皮ハンターたち
隊長
（ドーナル・グリーソン）
ブリッジャー
かわいそうな青年…
とにかくワルイ
先住民に頭の皮をひきちぎられた
フィッツジェラルド
（トム・ハーディ）

Cast&Staff

監督：アレハンドロ・ゴンサレス・イニャリトゥ
脚本：マーク・L・スミス、アレハンドロ・ゴンサレス・イニャリトゥ
出演：レオナルド・ディカプリオ、トム・ハーディ、ドーナル・グリーソン、グレイス・ドーヴ、他
音楽：坂本龍一、アルヴァ・ノト
撮影：エマニュエル・ルベツキ
編集：スティーヴン・ミリオン

Check The Awards

★第88回（2015年）監督賞受賞 アレハンドロ・ゴンサレス・イニャリトゥ
主演男優賞受賞 レオナルド・ディカプリオ　撮影賞受賞

最多12部門にノミネートされた本作品。監督賞、撮影賞に加えレオナルド・ディカプリオが主演男優賞を受賞しました。ディカプリオは、助演男優賞を含め5度目のノミネートで悲願の初受賞を達成。監督賞のアレハンドロ・ゴンサレス・イニャリトゥは2年連続、そして撮影賞のエマニュエル・ルベツキは3年連続受賞という史上初の快挙を成し遂げました。

A Scene From the Movie

力強く根を張った木を、風は倒すことができない

熊に襲われ、瀕死の重傷を負ったヒュー・グラスは、息子ホークの腕の中に抱かれ、今は亡き妻（グレイス・ドーヴ）の幻影を見ます。大地にしっかりと根を張り悠然とそびえたつ大樹は、吹きすさぶ強風を大きく広げた枝葉で受け流し、その幹はびくともしません。大自然と共存しその聖なる恵みを享受してきた彼女が、自然から学んだ尊い教えです。

先住民族たちの聖なる土地へ侵入し、利益のために自然の秩序を壊していく身勝手な白人たち。先住民族であったグラスの妻も略奪の犠牲になりました。白人であるグラスとの間に生まれた混血児ホークの将来をおもんぱかって遺した彼女の言葉には、母親としての深い愛情とともに、過酷な人生を強く生き抜いて欲しいという願いが込められていたのです。

瀕死のグラスも、生死の狭間で幾度となくこの言葉を反芻（はんすう）し、死の淵から蘇る望みを繋ぎました。命の灯を消さず生にこだわった根本は、「“愛する家族の大樹”たる自分の使命を最後まで全うする」という信念なのでした。たとえ枝や幹に深い傷を負ったとしても、その心根に魂が宿り続けていれば再生することが可能なのです。逆にどんな巨木でも足元を支える根が腐ってしまえば、少々の風でも根こそぎ倒れてしまうものです。

向かい風にも負けない強靭な大樹として成長するために必要なこと、それは心の土壌に信念の根をしっかりと張って生きるということなのですね。

心に根を張り
信念という幹を育てよう

デートといえば映画の時代!?

シネマとトモニ ❷

高校2年生(1982年)の夏休み、人生の初デートは雑誌の懸賞で当てた映画「トロン」の試写会でした!

いまやコンピュータ・グラフィックス(CG)全盛の時代ですが、世界で初めて全面的にCGを導入した記念すべき作品です。今まで見たことの無い斬新な映像に驚嘆して大興奮する私をよそに、デートの相手は冷ややかな笑みを浮かべていましたね。ちなみに彼女との2度目のデートはありませんでした…(笑)。

当時ウォルト・ディズニー・プロダクションでアニメーターをしていた若き日のティム・バートン(後に「シザーハンズ」(1990)や「アリス・イン・ワンダーランド」(2010)などを手掛けるファンタジー映画の奇才)や、やがて「Bunny」(1998)でアカデミー短編アニメ賞を受賞することになるアニメ映画監督クリス・ウェッジなども製作に参加していたという伝説的な映画です。しかし公開年のアカデミー賞では「コンピュータによる映像は卑怯だ」とされ失格になったという逸話が残っています(続編「トロン・レガシー」(2010)のパンフレットより)。その映像世界の新しさに、時代が全くついて来ていない当時の空気感がよく伝わってきますね。

ちなみに1981年には船橋ららぽーとに「ドライブイン・シアター」が登場。車に乗ったまま駐車場から野外スクリーンを鑑賞するというスタイルは、のちに福山雅治さんの「DRIVE-IN THEATERでくちづけを」という、時代を象徴した素敵な楽曲も生み出しました。思わず感傷に耽(ふけ)ってしまう方もいらっしゃるのでは…。

道を見失い途方に暮れた時、
新たな扉を開いてくれる13本

chapter 3

人生に迷ったらシネマ

「奇跡は毎日起きる。信じない人もいるけどホントだよ」
（「フォレスト・ガンプ 一期一会」より）

★ ★ ★ ★ ★

La La Land

ラ・ラ・ランド

(2016)
監督:デイミアン・チャゼル
主演:ライアン・ゴズリング、エマ・ストーン

打ちひしがれても
立ち上がり前を向く。
また朝が来れば、
新しい日だから

And when they let you down
You'll get up off the ground
'Cause morning rolls around
And it's another day of sun

挿入歌「Another Day of Sun」より

Story

女優を目指しているミア(エマ・ストーン)は、映画スタジオのカフェで働きながらオーディションを受け続ける毎日。そんなある日、場末のバーで古きよきジャズを演奏するピアニストのセブ(ライアン・ゴズリング)と出会います。2人は、互いの夢を語り合い、情熱に共鳴し恋に落ちます。しかしセブが生活資金稼ぎのために加入したバンドが成功したことから、すれ違いが多くなり、2人の人生の歯車は少しずつ狂い始めていき…。

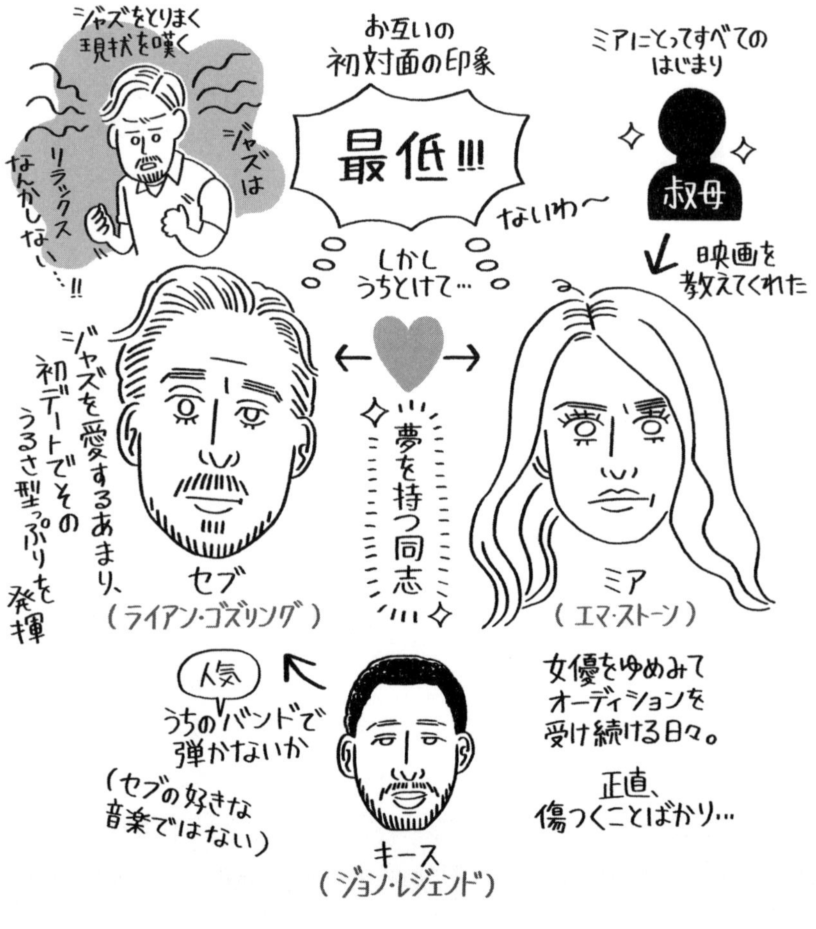

ジャズをとりまく現状を嘆く
ジャズは
リラックス
なんかしない…!!
お互いの初対面の印象
最低!!!
ないわ〜
ミアにとってすべてのはじまり
叔母
映画を教えてくれた
しかしうちとけて…
夢を持つ同志
ジャズを愛するあまり、
初デートでその
うるさ型っぷりを
発揮
セブ
(ライアン・ゴズリング)
ミア
(エマ・ストーン)
人気
うちのバンドで弾かないか
(セブの好きな音楽ではない)
キース
(ジョン・レジェンド)
女優をゆめみてオーディションを受け続ける日々。
正直、傷つくことばかり…

Cast&Staff

監督：デイミアン・チャゼル
脚本：デイミアン・チャゼル
出演：ライアン・ゴズリング、エマ・ストーン、ジョン・レジェンド、J・K・シモンズ、他
音楽：ジャスティン・ハーウィッツ
撮影：リヌス・サンドグレン
編集：トム・クロス

Check The Awards

★第89回（2016年）主演女優賞受賞 エマ・ストーン
監督賞受賞 デイミアン・チャゼル
作曲賞／撮影賞／美術賞受賞

主演男優賞をはじめ7部門にノミネート。しかし受賞式では珍事件が起きました。作品賞に「ラ・ラ・ランド！」と発表があり、製作チームのスタッフが歓喜のスピーチを行っている最中に、実は「ムーンライト」の間違いであることが発覚したのです。

A Scene From the Movie

打ちひしがれても立ち上がり前を向く。また朝が来れば、新しい日だから

これは、オープニングのミュージカル・シーンで流れる歌詞の一節です。

オーディションに落ち続けても前を向き女優を目指すミアと、「こだわりのジャズを聴かせる生演奏の店を持つ」という夢に向かって、ひたすらに自分のスタイルで走っているセブは、互いのひたむきな情熱、負けない強い気持ちに共鳴し恋に落ちました。

ミアが、自分だけの夢の舞台を目指すことができたのは、セブのぶれない情熱に心を動かされたからに他なりません。しかしセブは、資金稼ぎのためにやむなく引き受けたバンド活動が成功するにつれて、長年抱き続けた大切な夢を忘れかけてしまいます。そんな彼に対して、一番の理解者でもあるミアは、「いつから人の目を気にして、大衆に媚びるようになったの！人は情熱によって心を動かされるのよ！」と、セブの心の底を射抜くように鋭い矢を放つのでした。

音の振動が伝わり「共鳴」するためには、互いの張りつめた緊張が必要です。人の心も同様なのではないでしょうか。ユルユルと緩んだ気持ちは決して周りに響きませんが、情熱のこもった強い振動は、誰かの心を揺るがせるもの。たとえその瞬間に理解されずとも、情熱を持って磨き続けられた矢は、やがて同じ思いを持った誰かの心に突き刺さるものなのです。大切なことは、自分を信じあきらめないこと。そしてぶれずに前を向いて歩き続ける勇気なのだと教えられますね。

情熱で磨き続けられた矢は、
やがて誰かの心に突き刺さる

★★★★★

Green Book

グリーンブック

（2018）
監督：ピーター・ファレリー
主演：ヴィゴ・モーテンセン

オヤジが言っていた。
仕事をする時も笑う時も、
全力で当たれと。
食事をする時は、これが最後
だと思って食べろってな

My father used to say, whatever you do, do it 100%.
When you work, work.
When you laugh, laugh.
When you eat, eat like it's your last meal.

トニー・"リップ"・ヴァレロンガ
（ヴィゴ・モーテンセン）

Story

1962年アメリカ。ナイトクラブで用心棒を務めるトニー（ヴィゴ・モーテンセン）は、店の改修工事のために仕事を失ってしまいます。そんな時、天才黒人ピアニスト、ドン“ドク”シャーリー（マハーシャラ・アリ）の演奏ツアーに同行する仕事が舞い込みました。黒人差別の色濃く残る南部へのツアーに向け、ボディガード兼運転手を探していたのです。高貴な家庭で育ち几帳面な性格のドンと、無教養ながら情に厚い白人トニーはいわば水と油です。そんな2人が、1台の車で長い旅路をともにすることになるのですが…。

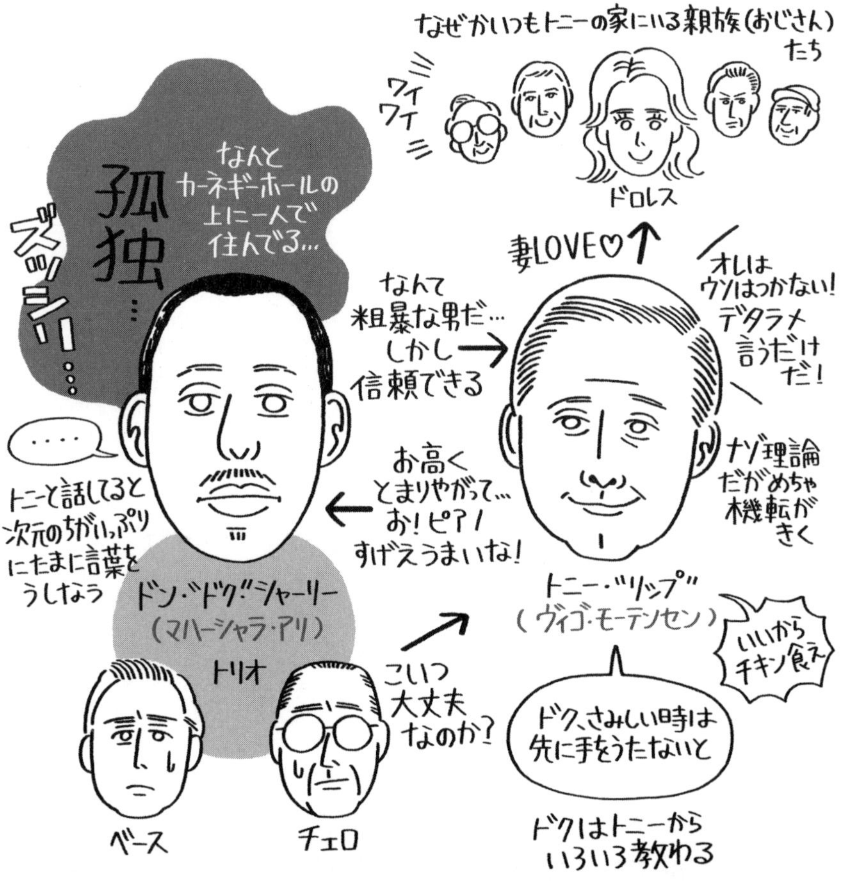

なぜかいつもトニーの家にいる親族（おじさん）たち

ワイワイ

ドロレス

妻LOVE♡

なんとカーネギーホールの上に一人で住んでる…

孤独…

ズッシリ…

なんて粗暴な男だ…しかし信頼できる

オレはウソはつかない！デタラメ言うだけだ！

ナゾ理論だがめちゃ機転がきく

……

トニーと話してると次元のちがいっぷりにたまに言葉をうしなう

お高くとまりやがって… お！ピアノ！すげえうまいな！

ドン・“ドク”シャーリー（マハーシャラ・アリ）

トリオ

こいつ大丈夫なのか？

トニー・“リップ”（ヴィゴ・モーテンセン）

いいからチキン食え

ドク、さみしい時は先に手をうたないと

ベース

チェロ

ドクはトニーからいろいろ教わる

Cast&Staff

監督：ピーター・ファレリー
脚本：ニック・ヴァレロンガ、ブライアン・ヘインズ・カリー、ピーター・ファレリー
出演：ヴィゴ・モーテンセン、マハーシャラ・アリ、リンダ・カーデリーニ、他
音楽：クリス・バワーズ
撮影：ショーン・ポーター
編集：ポール・J・ドン・ヴィトー

Check The Awards

★第91回（2018年）助演男優賞受賞 マハーシャラ・アリ
作品賞／脚本賞受賞

受賞した3部門に加え編集賞、および主演男優賞にもノミネートされました。ヴィゴ・モーテンセンは「イースタン・プロミス」（2007）「はじまりへの旅」（2016）に続く3度目の主演男優賞ノミネートでしたが、「ボヘミアン・ラプソディ」のラミ・マレックに敗れ、またしてもオスカー像を手にすることはできませんでした。ちなみにマハーシャラ・アリは2017年の「ムーンライト」以来2度目の栄誉となりました。

A Scene From the Movie

オヤジが言っていた。仕事をする時も笑う時も、全力で当たれと。食事をする時は、これが最後だと思って食べろってな

ツアー会場へ向かう途中、“ケンタッキーフライドチキン”の店を見つけたトニーは大量のチキンを買い求め、運転しながらおいしそうに頬張ります。フライドチキンを俗な食べ物だと毛嫌いし、頑(かたくな)に口にしようとしないドクに対して「とにかく一口食べてみろ」とすすめるトニーの言葉です。

私たちは、経験や慣れ親しんだ習慣によって、“新しいもの”に対して心を開く勇気や寛容さを失い、無意識に“違う文化”を拒んでしまいがちです。しかし2人は長い旅路をともにしながら、自身の身体に染みついてしまったお互いへの誤解や偏見に気づいていくことになります。

人種の違いや文化の相違によって、自分と違うモノを排除し素直に受け入れない姿勢は、多くの“新しい経験のチャンス”を自ら捨ててしまうことになりかねません。トニーが言うように、「もしかするとこれが最後になるかもしれない」という謙虚な気持ちを持てたとしたらどうでしょう？目の前に訪れた貴重な瞬間に感謝し、そのまたとない出会いを素直に受け入れることができるのではないでしょうか。

何事も、まずは否定せず、受け入れてみる。そして、どんな局面においても「これが最後かもしれない」と思って全力で取り組むこと。常に一期一会の気持ちを忘れずに、その瞬間の出会いや機会に感謝し、大切にかみしめて味わうこと。そんな単純なことで人生は大きく変わっていくのかもしれませんね。

出会いや機会に感謝し、かみしめて味わうことで人生は変わる

The Sting

スティング

（1973）
監督：ジョージ・ロイ・ヒル
主演：ロバート・レッドフォード、ポール・ニューマン

「復讐なんてアホのやることさ」
「じゃあなぜやるんだ？」
「やる価値があるからだ」

"Revenge is for suckers.
I've been grifting thirty years and I never got any"
"Then, why you doing it?"
"Seems worthwhile, dosen't it?"

ヘンリーとフッカーの会話
（ポール・ニューマン）（ロバート・レッドフォード）

Story

1930年代、シカゴの街を仕事場にする詐欺師フッカー（ロバート・レッドフォード）と師匠のルーサー（ロバート・アール・ジョーンズ）がだまし取った大金は、賭博場を牛耳るギャングのロネガン（ロバート・ショウ）の売上金でした。怒ったロネガンはルーサーを殺害、フッカーも命を狙われますが、ルーサーの旧友である大物詐欺師ヘンリー（ポール・ニューマン）のもとで匿われます。

フッカーは仇討ちを提案、各地からルーサーと親交のあった詐欺師仲間が集結し、ロネガンを嵌めるべく大勝負の準備を始めるのでしたが…。

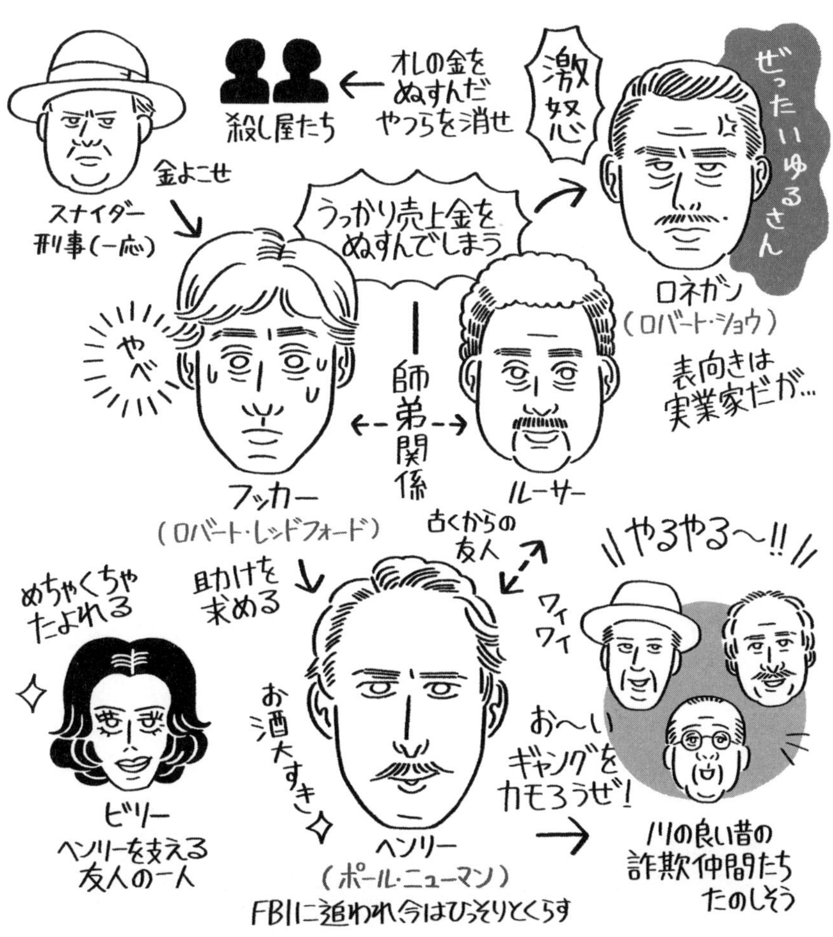

Cast&Staff

監督：ジョージ・ロイ・ヒル
脚本：デヴィッド・S・ウォード
出演：ロバート・レッドフォード、ポール・ニューマン、ロバート・ショウ、他
音楽：スコット・ジョプリン、マーヴィン・ハムリッシュ
撮影：ロバート・サーティース
編集：ウィリアム・レイノルズ

Check The Awards

★第46回（1973年）監督賞受賞 ジョージ・ロイ・ヒル
作品賞／脚本賞／編集賞／
編曲賞／美術賞／衣装デザイン賞受賞

第42回アカデミー賞において4部門を受賞した「明日に向かって撃て！」のジョージ・ロイ・ヒル監督、ポール・ニューマン、ロバート・レッドフォードの3人が再びタッグを組んだ本作品。7部門受賞はこの年の最多受賞となり他を圧倒しました。

A Scene From the Movie

「復讐なんてアホのやることさ」
「じゃあなぜやるんだ?」
「やる価値があるからだ」

親交のあった“その道のプロたち”がルーサーの弔い合戦のために集結し、綿密な計画が着々と進行していきます。偽の馬券売り場を設え、ロネガンから大金を巻き上げる巧妙な筋書きは“命を賭けた大勝負”となります。決戦を明日に控え、チームを牽引してきた百戦錬磨のヘンリーが何げなく語る言葉ですが、深い意味を持って響きます。

人にはそれぞれ“事に向かう理由”があります。他人からすれば愚かに見える行為にも、当人にしか理解できない重要な価値があるものです。若いフッカーにとっては、仕事のイロハを学び父親のように慕ったルーサーの“仇討ち”こそがその目的ですが、ヘンリーは冷静に言います。「それをやっても彼は帰らない」と。感情に任せた行動ではよい結果を得られないことを過去の経験から学んでいるのです。

では冷静なヘンリーをこの“賭け”へと導いたものはいったい何だったのでしょうか。それは何物にも代えがたい“青臭いフッカーの姿”だったのではないでしょうか。フッカーを一流に育てることは亡きルーサーとの約束でもありました。粗削りながらセンスに満ち、熱い情熱を持ったフッカーの姿にかつての自分を見たのかもしれません。

師の無念をはらすべく猛進する若者、人生の集大成として誇りを賭けるベテラン。人生というゲームには、少々オッズ(賭け率)が不利でも挑むべき時があります。たとえ状況が不利だとしても、成功の可能性に一縷(いちる)の望みを賭けて“ベットする”行動にこそ価値があるのですね。

人生には、
オッズに左右されない生き方もある

Joker

ジョーカー

（2019）
監督：トッド・フィリップス
主演：ホアキン・フェニックス

狂っているのは僕か？
それとも
この世の中か？

Is it just me, or is it getting crazier out there?

アーサー・フレック＝ジョーカー
（ホアキン・フェニックス）

Story

荒廃した街ゴッサム・シティ。道化師のバイトをしながら年老いた母親と暮らしているアーサー（ホアキン・フェニックス）は、尊敬する大物コメディアンのマレー・フランクリン（ロバート・デ・ニーロ）のような一流芸人になる将来を夢見ていました。しかし緊張すると突如笑いが止まらなくなる持病を抱え、仕事も私生活もうまくいきません。やがて唯一の生きがいとも言える道化師の職も失ってしまいます。絶望の淵に立たされるアーサーの心は崩壊していき、ある事件をきっかけに凶悪犯「ジョーカー」として暴走し始め…。

Cast&Staff

監督：トッド・フィリップス
脚本：トッド・フィリップス、スコット・シルヴァー
出演：ホアキン・フェニックス、ロバット・デ・ニーロ、ザジー・ビーツ、他
音楽：ヒドゥル・グドナドッティル
撮影：ローレンス・シャー
編集：ジェフ・グロス

Check The Awards

★第92回（2019年）主演男優賞受賞 ホアキン・フェニックス
作曲賞受賞 ヒドゥル・グドナドッティル

受賞部門とともに、作品賞、監督賞、脚色賞、衣装デザイン賞、撮影賞、編集賞、音響編集賞、録音賞、メイクアップ＆ヘアスタイリング賞の計11部門でノミネートされました。

ホアキン・フェニックスは本作「ジョーカー」の役作りのために24キロもの減量を行ったと言われ、4度目のノミネートで悲願のオスカー像を手にしました。

A Scene From the Movie

懸命に生きようとする
アーサーだが、
何をやっても
うまくいかない…。

そんな彼が
踊るとき、
異様に美しい。

画が強烈な作品

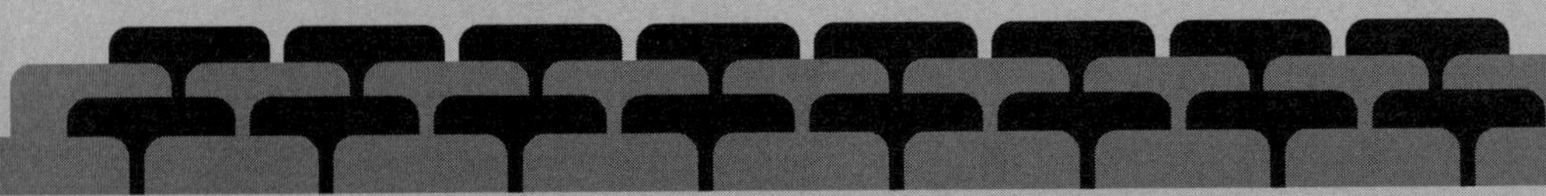

狂っているのは僕か？
それともこの世の中か？

幼時期に受けた虐待により脳にダメージを受けたアーサーは、自分の意志とは関係なく突然笑い出してしまう持病に苦しんでいます。いつの日かコメディアンとしての晴れの舞台に立つことを夢見るアーサーですが、突如発症する不気味な発作は周囲の誤解を招き、あらゆることがうまくいきません。精神カウンセラーに対してつぶやくアーサーのこの言葉は、私たちへ向かって投げかけられる問題提起でもあります。

度重なるストレスからやがて精神の崩壊をきたすアーサーは、凶悪な犯罪者・殺人鬼ジョーカーと化しますが、多くの視聴者が知らぬ間に彼に惹きこまれてしまいます。それは私たちの心の中にもアーサーと同様の様々な不満が蠢(うごめ)いているからではないでしょうか。

衝動的にも見えるアーサーの凶行ですが、銃口を向けた相手にはそれぞれ襲われるだけの理由がありました。残虐な行為を犯したアーサーは、目の前で震える小人症の友人ゲーリーに向かって微笑んで言います。「優しかったのは君だけだ。君のことは襲わない」と。アーサー（ジョーカー）の行動は「私たちの心の中にも存在する情動」のデフォルメだとすれば…、荒(すさ)んだ社会を癒す解決のヒントはゲーリーの行動つまり“他者に対する思いやり”にこそあります。

はたしてアーサーは本当に凶悪な犯罪を実行したのでしょうか？それとも彼の頭の中にある妄想世界での“ジョーク”なのでしょうか？その答えは…、アナタ自身に委ねられています。

他者へ寄り添う優しさが、
荒んだ社会を癒す

The Curious Case of Benjamin Button

ベンジャミン・バトン 数奇な人生

（2008）
監督：デヴィッド・フィンチャー
主演：ブラッド・ピット

行きつく先はみんな同じ。
たどる道が違うだけよ。
あなたには、
あなたの道があるの

We all goin' the same way.
Just taking different roads to get there, that's all.

ベンジャミンの養母・クイニー
（タラジ・P・ヘンソン）

Story

ニューオリンズ駅の壁に「戦死した息子を生き返らせたい」という願いを込めた“逆回りする時計”が掲げられました。時を同じくしてある夫婦に子どもが生まれます。しかしその赤ん坊は老人の姿をしていました。醜い赤ん坊に驚いた父親は老人ホームの前に捨ててしまいますが、施設で働く黒人女性クイニー（タラジ・P・ヘンソン）に拾われ、ベンジャミンと名付けられます。

成長するにつれて容姿が老人から若返っていくベンジャミンは、ある日、6歳の少女デイジー（エル・ファニング）と運命的に出会いますが…。

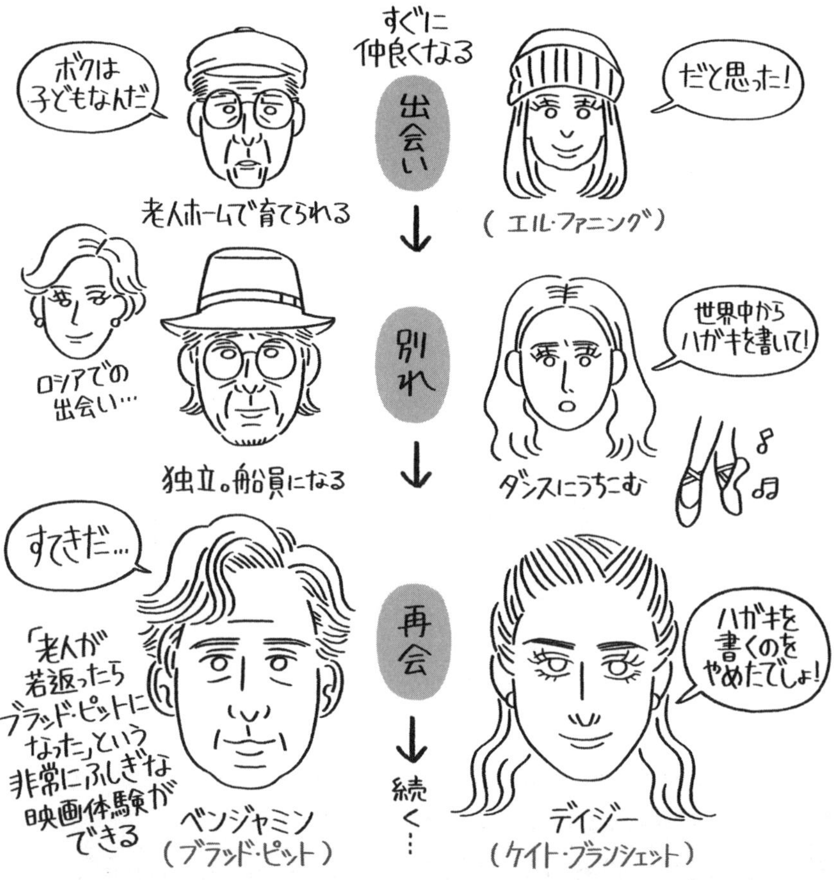

Cast&Staff

監督：デヴィッド・フィンチャー
脚本：エリック・ロス
出演：ブラッド・ピット、ケイト・ブランシェット、タラジ・P・ヘンソン、他
音楽：アレクサンドル・デスプラ
撮影：クラウディオ・ミランダ
編集：カーク・バクスター、アンガス・ウォール

Check The Awards

★第81回（2008年）美術賞／視覚効果賞／メイクアップ＆ヘアスタイリング賞受賞

受賞3部門に加え、作品賞、脚色賞、監督賞、主演男優賞（ブラッド・ピット）、助演女優賞（タラジ・P・ヘンソン）、編集賞、撮影賞、録音賞、作曲賞、衣装デザイン賞の合計13部門でノミネートされました。

ブラッド・ピットは受賞ならず。俳優部門でオスカー像を手にするのは第92回「ワンス・アポン・ア・タイム・イン・ハリウッド」（2019）を待つことになります。

A Scene From the Movie

行きつく先はみんな同じ。
たどる道が違うだけよ。
あなたには、あなたの道があるの

８０歳の老人の容姿で生まれ、少しずつ若返っていくベンジャミン（ブラッド・ピット）。「あなたは奇跡の子よ。みんなが望む奇跡とは違うだけ」自分が周囲のみんなと違うことに気付き不安に思う幼いベンジャミンに対し、育ての母クイニーが優しく語りかける言葉です。

時間を逆行して肉体が若返っていくベンジャミン。残念ながら生涯愛し続けたデイジー（ケイト・ブランシェット）とは、その素晴らしい時をほんの少ししか共有することはできません。けれども彼らが寄り添ったわずかな交点は、それぞれの人生において最も輝きに満ちた幸せな瞬間であったことは間違いありません。

人の肉体は２０歳を頂点にして後は老化の一途をたどると言います。一方精神はどうでしょうか。人生経験を一巡りして知恵と寛容さを兼ね備えた“還暦”＝６０歳をその頂点と考えれば、８０歳の体で生まれたベンジャミンは肉体と精神の双方において最も充実した時を同時に迎えることができる、理想的な姿であるともいえます。

さて、あなたはベンジャミンの“数奇な運命”を可哀そうだと思いますか？それとも羨ましいと思いますか？

ベンジャミンは、養母クイニーの言葉を胸にその運命を受け入れ懸命に強く生き抜きました。赤ん坊から始めても、老人から始めても行き着くところに変わりはないのです。大事なことは、与えられた運命をどのように受けとめ、自分の命の時間をどう生きるかです。

あなたには“あなただけの道”があるのですから。

それぞれに、

それぞれの人生の歩き方があっていい

Forrest Gump

フォレスト・ガンプ 一期一会

（1994）
監督：ロバート・ゼメキス
主演：トム・ハンクス

ママはいつも言っていた。
奇跡は毎日起きるって。
信じない人もいるけど
ホントだよ

Mama always said miracles happen everyday,
some people don't think so, but they do.

フォレスト・ガンプ
（トム・ハンクス）

Story

生まれつき足が悪く知能が低いという障害を持った少年フォレスト・ガンプ（トム・ハンクス）は、母親（サリー・フィールド）とともに暮らしていました。ハンデのために意地悪に遭うガンプでしたが、ジェニーという優しい少女と出会い仲良くなります。ある日、同級生たちがガンプを追い回していると、足を引きずりながら逃げ惑うガンプに奇跡が起きます。足の矯正具が壊れガンプは風のように疾走したのです。その後も一生懸命前だけを向いて走るガンプは、その与えられた天分を生かして人生を切り開いていくのですが…。

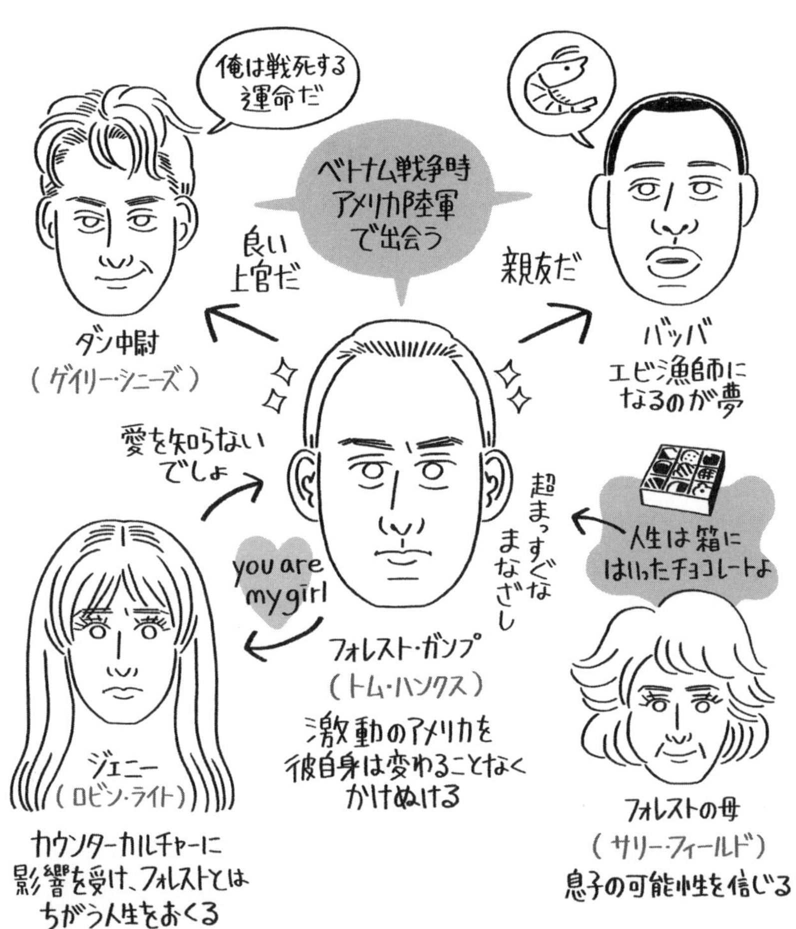

Cast&Staff

監督：ロバート・ゼメキス
脚本：エリック・ロス
出演：トム・ハンクス、サリー・フィールド、ゲーリー・シニーズ、ロビン・ライト、他
音楽：アラン・シルヴェストリ
撮影：ドン・バージェス
編集：アーサー・シュミット

Check The Awards

★第67回（1994年）主演男優賞受賞 トム・ハンクス

受賞した6部門（作品賞/監督賞/主演男優賞/脚色賞/編集賞/視覚効果賞）の他にも、助演男優賞（ゲーリー・シニーズ）/撮影賞/作曲賞など、計13部門のノミネートを受けました。トム・ハンクスは前年の「フィラデルフィア」に続き2年連続で主演男優賞を受賞し喝采を浴びました。ヒットメーカー、ロバート・ゼメキス監督は、第58回（1985年）に「バック・トゥ・ザ・フューチャー」でノミネート（脚本賞）されて以来の候補となり、念願の初受賞を遂げました。

A Scene From the Movie

ママはいつも言っていた。
奇跡は毎日起きるって。
信じない人もいるけどホントだよ

子どものような心を持ったガンプ（トム・ハンクス）はお気に入りのベンチに座り、隣の女性に向かって思い出話を始めます。大好きなママのこと、初めて履いた“靴”のこと、そして愛する女性ジェニー（ロビン・ライト）と初めて出会った時のこと…。「ママはよく言ってたんだ。“人生はチョコレート箱みたいなものよ”って。フタを開けてみるまで中身は解らないってことさ」ガンプはそう言って笑い、人生に起きた素晴らしいできごとを語り始めます。

ガンプの人生は奇跡の連続です。矯正具が外れて疾走したガンプは大学のアメフトチームの目に留まり、全米チームに選抜され、卒業後に入隊した陸軍では上官を救い名誉勲章を授与され…。ただ前だけを見て走るガンプのもとに、次々と人生を切り開く幸運が舞い込むのです。しかしそれは、“運”の仕業だけではありません。ガンプの純粋で優しい心、一生懸命でひたむきな行動力が多くの人々を惹き付け連鎖させていくのでしょう。

私たちの人生は映画のようにドラマチックではありません。けれど平凡な毎日こそが“奇跡”なのです。数兆もの星の中で生命を宿した地球は奇跡の星です。数億のDNAから選ばれ生を受け、数十億人の中から出会えた友もまた奇跡の出会いです。太陽が昇り、風にそよぐ草木に小鳥がさえずる。そんな当たり前の毎日が、実は奇跡の連続によって作られているのだと気付いた時、与えられた人生に感謝しながら、ガンプのようにまっすぐ走って行けるのですね。

何げない毎日が、
実は奇跡の連続でできている

The Dark Knight

ダークナイト

（2008）
監督：クリストファー・ノーラン
主演：クリスチャン・ベール、ヒース・レジャー

真実だけでは
人は満足しない。
そこには希望が必要だ

Sometimes the truth isn't good enough,
sometimes people deserve more.
Sometimes people deserve to have their faith rewarded.

ブルース・ウェイン＝バットマン
（クリスチャン・ベール）

Story

犯罪のはびこるゴッサム・シティ。ウェイン社の会長ブルース（クリスチャン・ベール）は、悪を成敗すべくバットマンとして日々奔走していましたが、その無法的なやり方を糾弾する声も少なくありませんでした。そんな時、新任検事ハービー・デント（アーロン・エッカート）が現れます。正義を掲げ、“希望の星”として精力的に活動するデントでしたが、組織壊滅の危機に瀕したマフィアたちは狂人ジョーカーと手を組み、犯罪を加速させていきます。秩序を失い混乱と狂気の渦に飲み込まれていくゴッサム・シティでしたが…。

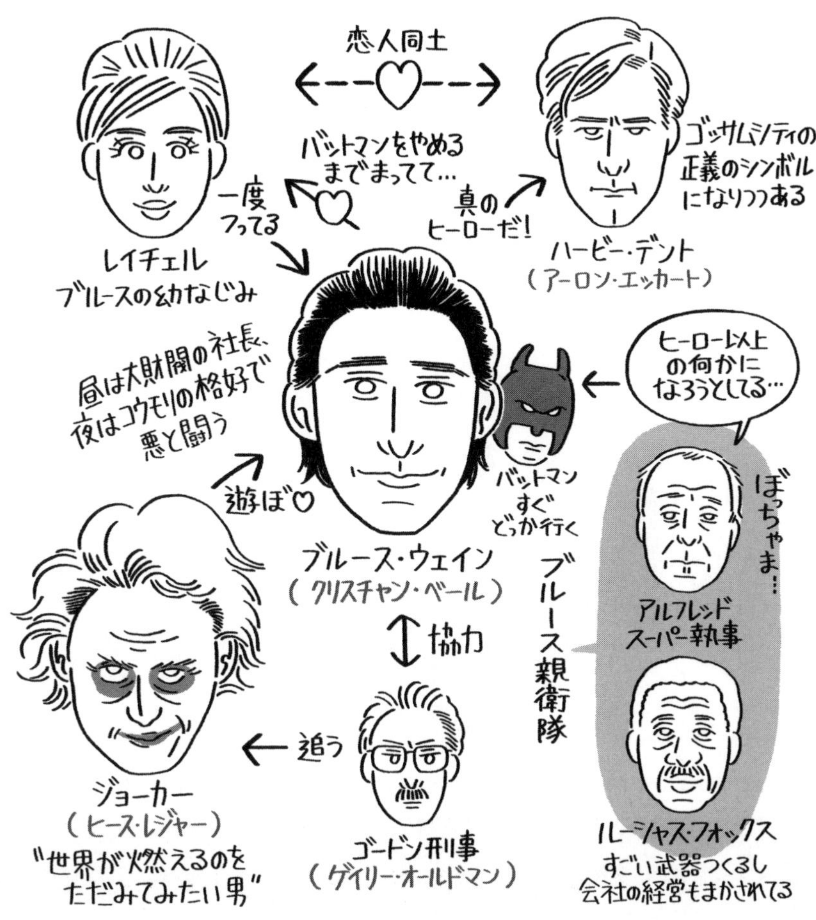

Cast&Staff

監督：クリストファー・ノーラン
脚本：クリストファー・ノーラン、ジョナサン・ノーラン
出演：クリスチャン・ベール、ヒース・レジャー、マイケル・ケイン、ゲイリー・オールドマン、アーロン・エッカート、モーガン・フリーマン、他
音楽：ハンス・ジマー、ジェームズ・ニュートン・ハワード
撮影：ウォーリー・フィスター
編集：リー・スミス

Check The Awards

★第81回（2008年）助演男優賞受賞 ヒース・レジャー
音響編集賞受賞 リチャード・キング

受賞した2部門の他にも、撮影賞、視覚効果賞、美術賞、録音賞、編集賞、メイクアップ＆ヘアスタイリング賞の6部門にノミネートされ高い評価を受けました。ジャック・ニコルソンに続く新たなジョーカー像を見事な役作りで魅せてくれたヒース・レジャーは、本作の公開前に睡眠薬などの薬物併用摂取による急性薬物中毒で急逝、授賞式には両親と姉が出席し壇上でオスカー像を手にしました。

A Scene From the Movie

真実だけでは人は満足しない。そこには希望が必要だ

凶悪犯罪にまみれた都市の救世主として現れた熱血地方検事ハービー・デントは、英雄の登場を待ち望んでいた市民の期待の星です。しかし正体を明かさず陰ながら悪と対峙し、街を守ってきたのは、バットマンに他なりませんでした。その裏と表の全てを知る市警ゴードン（ゲイリー・オールドマン）に対して、陰のヒーロー、ブルース・ウェインが言う信念の言葉です。

不信感に惑う市民を強く牽引していくために必要なのは、誰が本当のヒーローであるかという真実よりも、純粋な正義漢ハービー・デントのリーダーシップだというワケです。

人が困難に直面した時、頑張る気持ちを見出すために必要なファクターとは何でしょうか？

それは、その先にある明るい未来への希望なのではないでしょうか。

どんなに現実が厳しくても、その先に広がる可能性を見出し、希望に満ちたビジョンを指し示すことこそが潜在的なパワーを引き出す原動力となり得るのです。毎日の努力が報われる未来、明るく輝く憧れの明日を夢見るからこそ困難に立ち向かい、頑張る意欲が湧くのでしょう。

予期せぬ天変地異、目に見えない感染症、不透明な未来…。私たちが生きる現実でも先の見えない暗闇に心が折れそうになることがあります。しかしデントは記者会見で言います。

「夜明け前の闇が一番暗い。やがて夜は明ける」と。

「希望」こそが、
潜在的なパワーを引き出す源

★ ★ ★ ★ ★

The Descendants

ファミリー・ツリー

（2011）
監督：アレクサンダー・ペイン
主演：ジョージ・クルーニー

このサインをすれば、守るべきものを永遠に失ってしまう

I sign this document, and something that
we were supposed to protect is gone forever.

マット・キング
（ジョージ・クルーニー）

Story

ハワイで弁護士をして暮らすマット・キング（ジョージ・クルーニー）は、先祖から託された広大な土地の売却問題に頭を悩ませていました。そんな中、知らぬ間に浮気をしていた妻が事故で危篤状態に陥ってしまいます。今まで家庭に無頓着だったマットは、自分が家族について何も知らなかったことを思い知らされていくのでした。事態の解決へ奔走するマットは、長女アレックス（シャイリーン・ウッドリー）、次女スコッティ（アマナ・ミラー）とのかけがえのない時間を共有しながら、改めて人生の歩き方を見つめ直していき…。

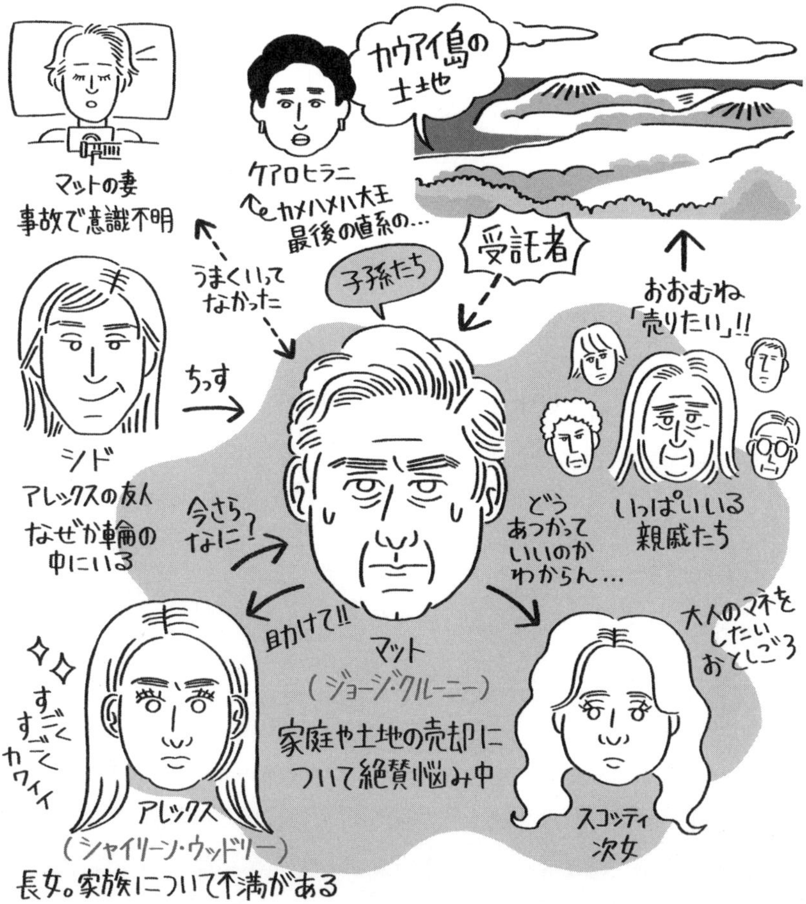

マットの妻
事故で意識不明

ケアロヒラニ
カメハメハ大王最後の直系の…

カウアイ島の土地

受託者

子孫たち

うまくいってなかった

おおむね「売りたい」!!

ちっす

シド
アレックスの友人
なぜか輪の中にいる

今さらなに？

どうあつかっていいのかわからん…

いっぱいいる親戚たち

助けて!!

マット
（ジョージ・クルーニー）
家庭や土地の売却について絶賛悩み中

大人のマネをしたいおとしごろ

すごくすごくカワイイ

アレックス
（シャイリーン・ウッドリー）
長女。家族について不満がある

スコッティ
次女

Cast&Staff

監督：アレクサンダー・ペイン
脚本：アレクサンダー・ペイン、ナット・ファクソン、ジム・ラッシュ
出演：ジョージ・クルーニー、シャイリーン・ウッドリー、ボー・ブリッジス、アマナ・ミラー、他
撮影：フェドン・パパマイケル
編集：ケヴィン・テント

Check The Awards

★第84回（2012年）脚色賞受賞

受賞部門の他、作品賞、監督賞、編集賞にもノミネート。主演男優賞にノミネートされたジョージ・クルーニーは「シリアナ」（2005）以来2度目のオスカーを主演で狙いました。しかしモノクロ・サイレント、フランス国籍映画の「アーティスト」が作品賞、監督賞などを含め5部門を制し、主演のジャン・デュジャルダンがその栄誉に輝きました。ゴールデン・グローブ賞では、作品賞とともに主演男優賞を受賞、その他ハリウッド映画祭やハワイ国際映画祭など数多くの褒賞を受けました。

A Scene From the Movie

劇中流れるハワイの
音楽や美しい風景が
目と心にもやさしい！

マットが爆走する
背景にもトロピカルな
植物が生い茂っている

このサインをすれば、守るべきものを永遠に失ってしまう

売却か保存か…。先祖から受け継いだカウアイ島の広大な土地の所有権は、ハワイ州の法律によって残り7年しかありません。親族たちは売却を希望し分配金を待ち望んでいます。しかし売却すれば、そこにはホテルやリゾート施設が建てられ、豊かな自然は永遠に失われてしまうことでしょう。受託者として全権を担っているマットは、譲渡契約書を前にして葛藤する心のうちを明かすようにこの言葉を発します。

妻の事故によりはからずも娘たちとの会話が増えたマットは、自分が家族について何も知らなかったことに気付きます。マットは決して悪い父親ではありませんでした。弁護士としても親族との土地売却案件について真摯に取り組んできました。しかし“当たり障りのない妥協点”を見つけることに終始し、真の問題解決へ本気で向き合っていなかったことも事実です。それは家族との関わりも同様、互いに全てをさらけ出し、良い所も悪い所も含めて認め合ってこそたどり着ける“真の答え”があることを悟りました。

２人の娘とともにカウアイ島を訪れたマットは、先祖から受け継いだ広大な土地を丘の上から眺めます。山から森が連なり海へと続く豊かな大自然。マットはそこに“家族の姿”を見たのかもしれません。姿や形はそれぞれですが、持ちつ持たれつその役割を担って繋がっている自然の姿。どれかひとつを失っても成立しない密接な関係があるということです。それこそが“守るべき大切なもの”なのですね。

答えはすべて、
大自然の中にある

Million Dollar Baby

ミリオンダラー・ベイビー

（2004）
監督：クリント・イーストウッド
主演：ヒラリー・スワンク、クリント・イーストウッド

人は誰でも一度は負けるんだ

Anyone can lose one fight.

スクラップ
（モーガン・フリーマン）

Story

街の小さなボクシング・ジムを経営するフランキー（クリント・イーストウッド）の元にマギー（ヒラリー・スワンク）というボクサー志望の女性が現れ彼の指導を懇願します。女性であるうえ31歳のマギーを相手にしないフランキーでしたが、素質を見抜いたスクラップ（モーガン・フリーマン）の助言もあり、トレーナーを引き受けることになります。フランキーの指導の下、順調に実力をつけていくマギーは、連戦連勝を重ね、やがてタイトルマッチの大舞台に挑むのですが…。

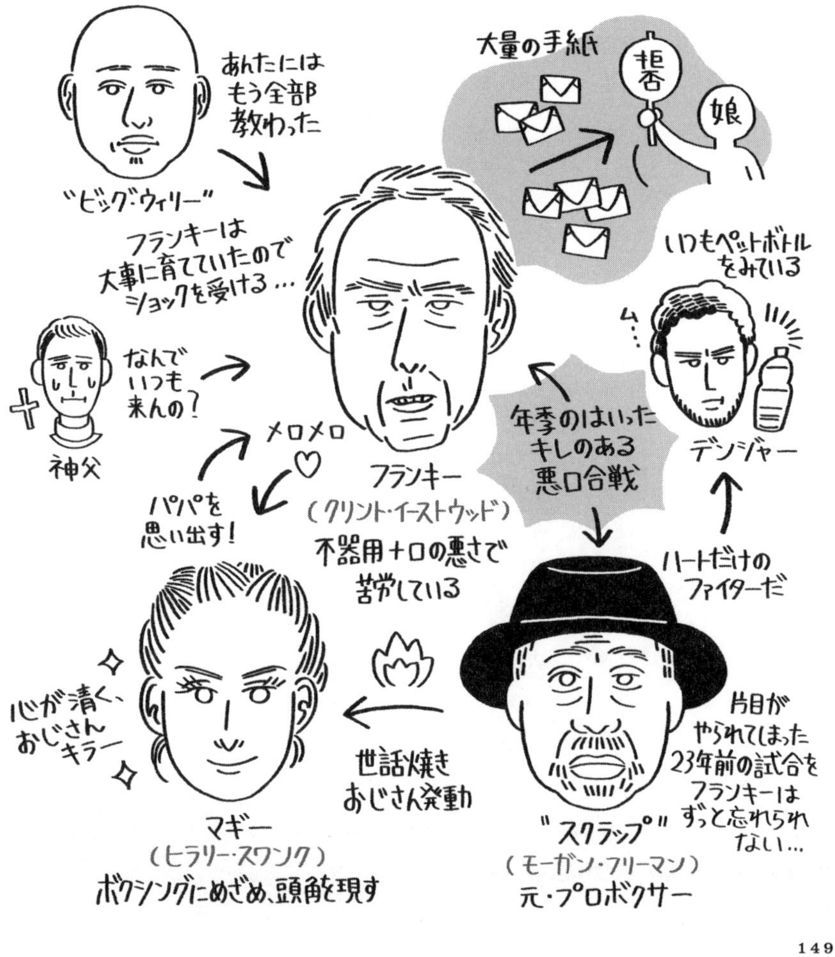

"ビッグ・ウィリー"

あんたにはもう全部教わった

フランキーは大事に育てていたのでショックを受ける…

大量の手紙

拒

娘

いつもペットボトルをみている

ム…

デンジャー

神父

なんでいつも来んの？

メロメロ

パパを思い出す！

フランキー
（クリント・イーストウッド）
不器用＋口の悪さで苦労している

年季のはいったキレのある悪口合戦

ハートだけのファイターだ

心が清く、おじさんキラー

世話焼きおじさん発動

マギー
（ヒラリー・スワンク）
ボクシングにめざめ、頭角を現す

片目がやられてしまった23年前の試合をフランキーはずっと忘れられない…

"スクラップ"
（モーガン・フリーマン）
元・プロボクサー

Cast&Staff

監督：クリント・イーストウッド
脚本：ポール・ハギス
出演：クリント・イーストウッド、モーガン・フリーマン、ヒラリー・スワンク、他
音楽：クリント・イーストウッド
撮影：トム・スターン
編集：ジョエル・コックス

Check The Awards

★第77回（2004年） 作品賞／監督賞受賞 クリント・イーストウッド
主演女優賞受賞 ヒラリー・スワンク
助演男優賞受賞 モーガン・フリーマン

主演女優賞を受賞したヒラリー・スワンクは、2度目の受賞となりました。監督・主演のイーストウッドも、2度目の監督賞受賞となりました。74歳の監督賞受賞は、史上最年長としていまなお（2020年現在）記録されています。

A Scene From the Movie

人は誰でも一度は負けるんだ

フランキーのジムで雑用係兼トレーナーのスクラップが、リング上でめった打ちにされた青二才のボクサー、デンジャー（ジェイ・バイチェル）に対して言う言葉です。

ちょっとだけ頭の弱いデンジャーは、家族にも見捨てられいつしかこのジムに居ついてしまった青年でした。プロを目指せるような資質を持ったボクサーではありませんが、彼の中ではチャンピオンになる夢が純粋に息づいています。そんなデンジャーにとっては、このジムに通うことが、毎日の生きがいなのでした。

デンジャーに声をかけたスクラップは、23年前の試合中、負傷しながら戦い続け判定負けしたうえに片目を失いました。しかしスクラップに後悔の念はありません。それは、ボクシングを愛し、有らん限りの力を尽くして自ら招いた結果だからです。

どんなに強いファイターでも、一生勝ち続けることはできません。栄光にもいつか終わりが来るのです。しかし、どんな結果が訪れようとも自分の選んだ道に納得し、その終わりを満足して迎えるため、毎日を懸命に生きる必要があるのでしょう。

ボクシングに人生を捧げ太く短く突っ走ったマギー、それを支え命の灯を燃やしたフランキー。ぶちのめされたデンジャー、そしてボクシングで片目を失ったスクラップ。はたして、彼らは“負けた”のでしょうか？その答えは「精一杯生きた」彼らにしか解らない、深遠なところにあるのですね。

人生の勝ち負けは
自分が決めるもの

Dallas Buyers Club

ダラス・バイヤーズクラブ

（2013）
監督：ジャン＝マルク・ヴァレ
主演：マシュー・マコノヒー

俺の人生は
一度きりしかないけど、
他人の人生も
生きてみたいと思う

I mean, I got one life right? Mine.
But I want somebody else's sometimes.

ロン・ウッドルーフ
（マシュー・マコノヒー）

Story

1985年、ロデオと酒と女を愛し自由奔放に暮らすロン・ウッドルーフ（マシュー・マコノヒー）はエイズに罹患し余命30日と宣告されます。病気に対する情報を集めるロンは、国内には認可された効果的な治療薬が少ないことを知ります。代替治療薬を探しメキシコへ向かった彼はエイズ患者のレイヨン（ジャレッド・レト）と出会い、未承認ながら治療効果の高い薬を国内の患者へ提供すべく「ダラス・バイヤーズクラブ」を設立します。しかし違法性のある活動はFDA（食品医薬品局）の指導対象となり…。

Cast&Staff

監督：ジャン＝マルク・ヴァレ
脚本：クレイグ・ボーテン、メリッサ・ウォーラック
出演：マシュー・マコノヒー、ジェニファー・ガーナー、ジャレット・レト、他
音楽監修：ボブ・ボーウェン
撮影：イヴ・ベランジェ
編集：ジャン＝マルク・ヴァレ、マーティン・ペンサ

Check The Awards

★第86回（2013年）主演男優賞受賞 マシュー・マコノヒー
助演男優賞受賞 ジャレッド・レト
メイクアップ＆ヘアスタイリング賞受賞

実在したエイズ患者ロン・ウッドルーフを演じるために21キロもの減量で役作りに徹したマシュー・マコノヒー、同じく18キロの減量で熱演したジャレッド・レトがダブル受賞を成し遂げました。

A Scene From the Movie

彼のすばらしい変化には思わず涙します

エイズ患者になり、
今までの偏見を捨て
学ぶことを選んだロン。

心無い旧友に対する
怒りは、昔の自分に
対する怒りでも
あったのかもしれない

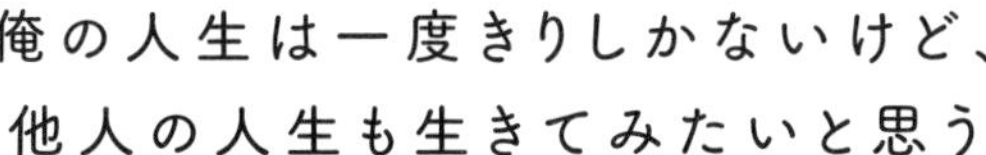

今までずっとその日暮らしで自堕落な生活を送ってきたロンでしたが、余命30日と宣告を受けてから数年間、死と真剣に向かい合って懸命に生きてきました。

「死なないように闘うのに必死で、生きている心地がしない。意味がないよな」そう言って笑いながら、医師でありよき理解者でもあるイブ（ジェニファー・ガーナー）に向かって明かす心の内です。

病院で怒鳴り散らし、役人にも毒を吐く身勝手なロンは、今まで他人を思いやることなど無縁の人生を生きてきました。ロデオに興じ自分の欲求のままに女と酒に溺れ、家族を持ちたいと思ったことなどなかったのです。そんな彼が、エイズで苦しんでいる患者のために立ち上がり、その身を捧げ全財産を投げ打ってまで闘った末にたどり着いたのは「子どもも欲しかった」という平凡な生活への欲求なのでした。

さて“スーパーヒーロー”とは、いったいどんな存在であるべきなのでしょうか？　スーパーマンのように強く優しく、どんな時でも清く正しくあるべきなのでしょうか。

もし“強きを挫き、弱きを助ける”それがヒーローたる条件だとするならば、ロンのようにがさつで人間臭く、身勝手で奔放な奴がいてもよいのではないでしょうか。患者をないがしろにする製薬会社、利益に翻弄される医師、法を振りかざす役人たち。ロンはそんな“クソのような現実”と向き合い、勇敢に闘ったのですから。

真のヒーローは人間臭い姿をしている。
なぜならば、現実と闘っているから

Juno

JUNO／ジュノ

（2007）
監督：ジェイソン・ライトマン
主演：エリオット・ペイジ

ウチとは全く違う世界を
見て、やっとウチの
居心地の良さがわかった

I never realize how much I like being home
unless I've been somewhere really different
for a while.

ジュノ・マクガフ
（エリオット・ペイジ）

Story

16歳の女子高生ジュノ（エリオット・ペイジ）は、ユーモアに富んだちょっと風変わりな高校生です。ある時、興味本位から仲の良い友人ブリーカー（マイケル・セラ）と関係し妊娠してしまいますが、はずみでできてしまった赤ちゃんに思い入れもなく養子に出すことを思いつきます。里親候補となったのは、裕福を絵にかいたような素敵なカップル、マーク（ジェイソン・ベイトマン）とヴァネッサ（ジェニファー・ガーナー）でした。出産までの10か月、大切なものに気付きながら少しずつ大人への階段を上がっていくジュノでしたが…。

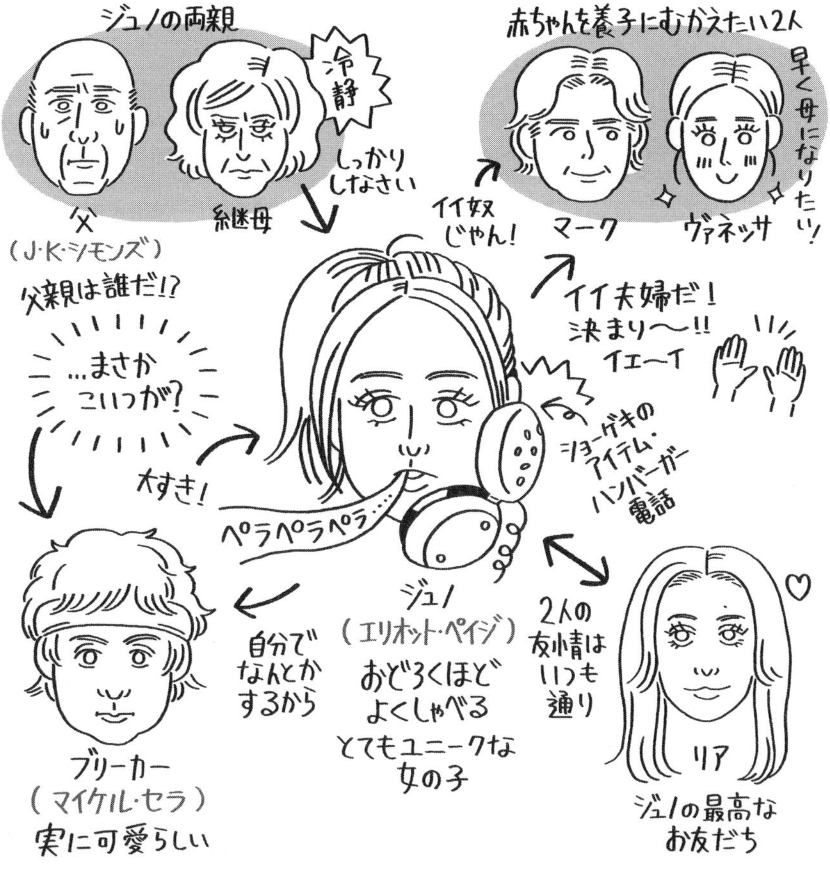

Cast&Staff

監督：ジェイソン・ライトマン
脚本：ディアブロ・コーディ
出演：エリオット・ペイジ、マイケル・セラ、ジェニファー・ガーナー、ジェイソン・ベイトマン、J・K・シモンズ、他
音楽：マテオ・メシナ
撮影：エリック・スティールバーグ

Check The Awards

★第80回（2008年）脚本賞受賞 ディアブロ・コーディ

作品賞・監督賞の他、16歳の妊婦ジュノ役を演じたエリオット・ペイジも主演女優賞にノミネートされました。奇しくも、この年の授賞式には、大きなお腹のケイト・ブランシェット、ジェシカ・アルバ、そして同じく妊娠中のニコール・キッドマンが勢ぞろいしました。シナリオ処女作で栄誉を手にした、元ストリッパーのディアブロ・コーディは、ヒョウ柄ドレスにビキニ娘のタトゥーで会場の注目を集め、プレゼンターのハリソン・フォードから栄えあるオスカー像を授与されました。

A Scene From the Movie

ウチとは全く違う世界を見て、やっとウチの居心地の良さがわかった

夫婦が仲睦まじく一緒にいる裕福な家庭こそが「幸せのカタチ」だと信じていたジュノは、生まれてくる赤ちゃんを理想の夫婦マークとヴァネッサに養子として委ねようと決めていました。しかし完璧な家族＝幸せの象徴であるかのように見えた2人にも、彼らにしか解らない複雑な問題があったのです。少しだけ大人になったジュノは、幸せにはいろいろなカタチがあることに気付き、この言葉を発します。

「赤ちゃん欲しいなら中国にでも行けば？タダで配ってるらしいよ」

ジュノは、涼しい顔でブラックジョークをかまします。トンガるジュノの悪態は、誰かに頼ることや甘えることを知らない彼女の防衛本能なのでしょう。そんなジュノを否定することなく温かく包み込み守ってくれている父親（J・K・シモンズ）、そして血縁はなくとも常にジュノの味方になってくれる継母（アリソン・ジャネイ）。父親は言います。「一番大切なことは、ありのままのオマエを愛してくれる人を見つけることだ」と。ジュノは今まで、そんな自分をとりまく“かけがえのない環境”を特別だと思ったことはありませんでした。

“幸せ”とは、いったいどんなカタチをしているのでしょうか。それは、目に見えず、掴みどころがありません。すでに手のひらの中にあったとしても、その存在を認識しづらいものです。空気のように、無くてはならない存在でありながら“当たり前にあるモノ”こそが、幸せを構成している“特別なモノ”なのかもしれませんね。

ありふれた目の前にあるモノこそが特別なモノ

Gravity

ゼロ・グラビティ

（2013）
監督：アルフォンソ・キュアロン
主演：サンドラ・ブロック、ジョージ・クルーニー

生きて帰りたければ
逃げちゃダメだ。
もっと旅を楽しめ

If you decide to go,
then you gotta just get on with it.
Sit back, enjoy the ride.

マット・コワルスキー
（ジョージ・クルーニー）

Story

ライアン博士（サンドラ・ブロック）とベテラン宇宙飛行士マット（ジョージ・クルーニー）は、宇宙空間で修理作業のミッションに従事していました。そこにヒューストンの管制センターから緊急避難を指示する無線が入ります。ロシアの衛星が破壊処分され、破片が猛スピードで接近しているというのです。退避する間もなく襲来したデブリ（宇宙ゴミ）がシャトルを直撃。宇宙空間に投げ出されてしまったライアンとマットは、生還に向けて懸命にもがきますが…。

Cast&Staff

監督：アルフォンソ・キュアロン
脚本：アルフォンソ・キュアロン、ホナス・キュアロン
出演：サンドラ・ブロック、ジョージ・クルーニー、エド・ハリス（声のみ）、他
音楽：スティーブン・プライス
撮影：エマニュエル・ルベツキ
編集：マーク・サンガー、アルフォンソ・キュアロン

Check The Awards

★第86回（2013年）監督賞受賞 アルフォンソ・キュアロン 撮影賞受賞 エマニュエル・ルベツキ　作曲賞／録音賞／撮影賞／音響編集賞／視覚効果賞／編集賞受賞

技術部門を中心に7部門受賞の他、作品賞・主演女優賞・美術賞にもノミネートされ、この年の授賞式を席巻した本作。撮影賞を受賞したエマニュエル・ルベツキは、ここから3年連続受賞の快挙を成し遂げることになります。

A Scene From the Movie

生きて帰りたければ逃げちゃダメだ。もっと旅を楽しめ

度重なるトラブルに精も根も尽き果てたライアンは、早くに亡くした最愛の娘との思い出を反芻します。もはや生きる望みを失くしこの苦境から逃れようと目を閉じる彼女が、朦朧（もうろう）とする意識の中で聞くベテラン宇宙飛行士マットの言葉です。

マットは、過酷な任務の最中も冗談とユーモアを欠かさず、常に人生を楽しんで生きていました。絶体絶命の緊急事態にありながら、宇宙に広がる壮大な景観を見て「最高の眺めだ」と嬉しそうにつぶやくマットは、死を少しも恐れていないように見えます。死と隣り合わせの危険なミッションも、マットが語ると奇想天外な笑い話になってしまうのです。マットの人生には“生と死”を隔てる境界線がないのでしょうか。

生きるということは、死に向かって歩いているということでもあります。けれどもし“死も生の一部”であり、人生の旅路において通過点にすぎないと考えることができたとしたらどうでしょう。物質的な形はなくなったとしても、心に遺る思い出や記憶は永遠です。ライアンの心の中で今も優しく笑う最愛の娘のように、いつまでも生き続けることができるのでしょう。

生と死、2つは対極的なモノではない。そう思えた時、マットのように、あるがままを受け入れ、訪れるすべてを楽しむ余裕を持つことができるのかもしれません。そして大切な人との別れや、やがて自分にも必然的に訪れる死を、ひとつの“できごと”として前向きに受け入れることができるようになるのかもしれませんね。

死は人生という旅路で訪れる通過点にすぎない

★★★★★

American Sniper

アメリカン・スナイパー

（2014）
監督：クリント・イーストウッド
主演：ブラッドリー・クーパー

あなたはここに居るけど
心はここにない。
姿は見え触れることもできる
けれど、あなたは居ない

Even when you're here, you're not here.
I see you, I feel you, but you're not here.

クリスの妻　タヤ・カイル
（シエナ・ミラー）

Story

テキサスで暮らすクリス・カイル（ブラッドリー・クーパー）は幼い頃から厳格な父のもとで狩猟を学び、“弱い羊を狼から守れるような男になれ”と諭され育ちました。やがてカイルは海軍へ志願入隊、厳しい訓練を経て特殊部隊ネイビー・シールズに配属されます。

最前線での功績は“伝説の狙撃手”として称賛されますが、過酷な体験が徐々に彼の心を蝕み壊していきます。帰還後、愛する家族とともに平穏な日々を望むカイルでしたが…。

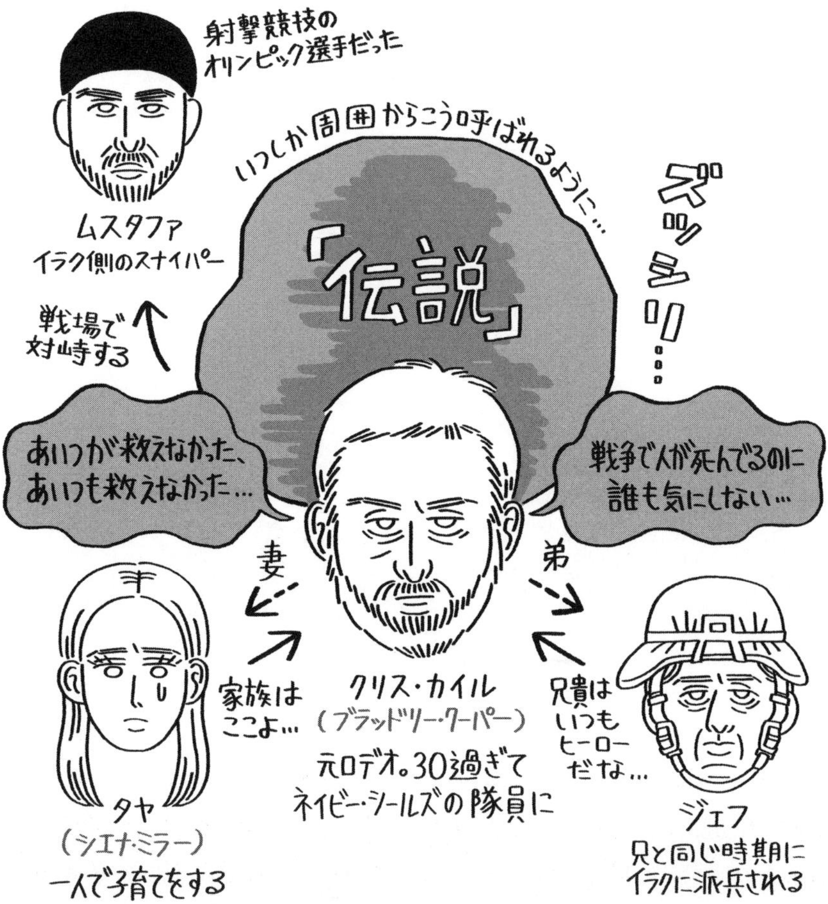

Cast&Staff

監督：クリント・イーストウッド
脚本：ジェイソン・ホール
出演：ブラッドリー・クーパー、シエナ・ミラー、ルーク・グライムス、他
撮影：トム・スターン
編集：ジョエル・コックス、ゲイリー・D・ローチ

Check The Awards

★第87回（2014年）音響編集賞受賞 アラン・ロバート・マレー

作品賞、脚色賞、録音賞、編集賞の候補とともに、主役の実在した狙撃手クリス・カイルを演じたブラッドリー・クーパーが主演男優賞にノミネートされました。しかし「博士と彼女のセオリー」でこちらも実在した人物スティーヴン・ホーキング博士を演じたエディ・レッドメインがオスカー像を手にしました。ちなみに作品賞は「バードマン あるいは（無知がもたらす予期せぬ奇跡）」でした。

A Scene From the Movie

あなたはここに居るけど心はここにない。
姿は見え触れることもできるけれど、
あなたは居ない

「心も帰ってきてほしい」タヤは言います。イラクでの任務を離れ本国へ帰還したカイルですが、最前線での高揚した感情は治まらず、庭の芝刈り機が発するエンジン音にさえ過剰に反応してしまいます。戦っている兵士たちのことが頭を離れず「心を戦場に置き忘れてきてしまっているカイル」に向かって、タヤは悲痛な叫びをあげます。

タヤは帰還したカイルの手に触れて「手のひらの感触が違う…」とつぶやきます。イラクへ4度も出征し１０００日以上従軍、１６０人もの敵を狙撃してきたカイルは“祖国の英雄”と祭り上げられますが、彼の心は壊れてゆきます。家族や国を守るための戦いでしたが、人命を奪い続けるという任務は正常な人間の心では受け止めきれません。

戦争の本当の悲劇は“目に見えない部分”にこそあるのではないでしょうか。戦地では正当化できた“敵を殺める”という行為も、平和な日常に戻り客観視すればその異常さが際立つからです。カイルは家族で参加したBBQパーティで、子どもにじゃれつく犬を、反射的にビール瓶で殴り殺そうとしてしまいます。彼のように、兵士たちの多くが退役後も心を病み続け、日常社会に戻れなくなってしまうといいます。

私たちはタヤの叫びから、そしてカイルの苦悩から多くを学ばなければなりません。この悲惨を繰り返さないためにできること。それは彼らのメッセージを正確に受けとめ、繋げていくことなのではないでしょうか。

戦争の本当の悲惨とは、
目に見えない部分にこそある

映画は人生の道しるべ!?

シネマとトモニ 3

1991年の蒸し暑いある日のこと。転職した会社に失望していた20代の私は、汗とストレスにまみれ営業途中に映画館でサボることを思いつきます。クールビズなんて無い時代です。スーツにネクタイ姿では暑くてやってられないワケですね(笑)。

涼しい場所で居眠りでもしようと飛び込んだのは、今はなき都内の某デパート内の映画館でした。上映されていたのは「ダンス・ウィズ・ウルブズ」。なぜこの映画を選んだのか?答えは簡単、上映時間が181分と長かったのです。居眠りするには長い方がいいじゃないですか。

そんな理由で出会った映画が、アカデミー賞12部門ノミネート、作品賞、監督賞を含む7部門でオスカー獲得の快挙を成し遂げる秀作、ましてや自分の人生の歩むべき道を指し示してくれる作品になろうとは、ああ…神様はなんて気まぐれなのでしょうか。

劇中、開拓という大義名分のもとに先住民族たちの土地を略奪していくアメリカ人たち。利己的で傲慢な組織に失望し葛藤する主人公ケヴィン・コスナーと、利益最優先主義の会社に幻滅し道に迷っていた自分の姿が重なってしまいます。もはや居眠りどころではありません。自然と共生し誇り高く生きるスー族の聖人が私に…、いやケヴィン・コスナーに言い放ちます。「生きていく道は様々だが、大切なのは1つ。それが人としてあるべき道かどうかだ」と。

その翌月、私は“人としてあるべき道”を歩むべく会社に辞表を出してしまいましたとさ(笑)。

惜しくも受賞を逃したけれど、
負けない気持ちと
勇気をもらえる7本

chapter
4

ドンマイ!ノミネート・シネマ

「理解される日が必ず来る!」
(「グレイテスト・ショーマン」より)

The Shawshank Redemption

ショーシャンクの空に

（1994）
監督：フランク・ダラボン
主演：ティム・ロビンス、モーガン・フリーマン

希望は素晴らしい。
たぶん最高のものだ。
そして希望は滅びない、
永遠なんだ

Hope is a good thing,
maybe the best of things,
and no good thing ever dies.

アンディ・デュフレーン
（ティム・ロビンス）

Story

銀行の副頭取を勤めていたアンディ（ティム・ロビンス）は、無実でありながら妻とその不倫相手を射殺した犯人として、ショーシャンク刑務所に収監されてしまいます。地位も名誉も失い絶望の淵に立たされますが、培った経理の知識で刑務官たちの財テク指南役となり、一目置かれる存在となります。古参の囚人レッド（モーガン・フリーマン）たちと親交を深めていく中で、アンディはある計画を思いつきます。希望を捨てず密かに進めた計画は、やがてその実行の時を迎えるのですが…。

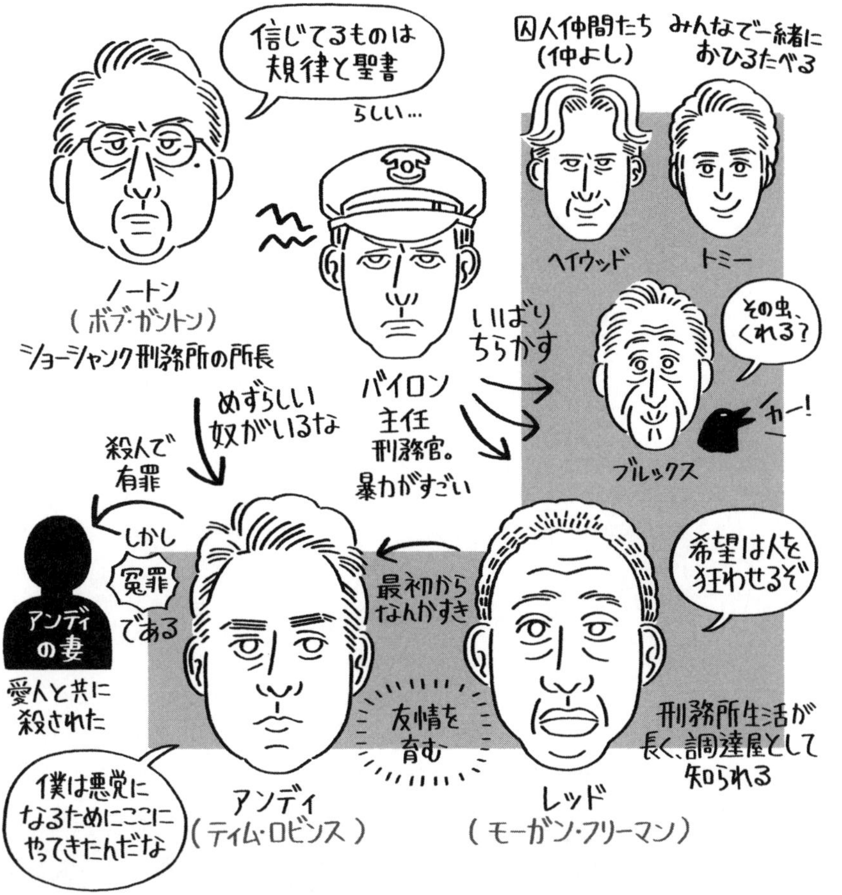

Cast&Staff

監督：フランク・ダラボン
脚本：フランク・ダラボン
出演：ティム・ロビンス、モーガン・フリーマン、ボブ・ガントン、他
音楽：トーマス・ニューマン
撮影：ロジャー・ディーキンス
編集：リチャード・フランシス=ブルース

Check The Awards

★第67回（1994年）主演男優賞ノミネート モーガン・フリーマン
作品賞／脚色賞／撮影賞／編集賞／
作曲賞／録音賞ノミネート

本作は7部門ものノミネートを受けながら無冠という結果でした。モーガン・フリーマンは3度目のノミネートでオスカーを狙いましたが受賞はならず、10年後の「ミリオンダラー・ベイビー」（148ページ参照）での栄誉を待つことになります。

A Scene From the Movie

希望は素晴らしい。
たぶん最高のものだ。
そして希望は滅びない、永遠なんだ

40年間刑務所で過ごし仮釈放を認められたレッドは、獄中でアンディと交わした約束の場所へと向かいました。そして1通の手紙を手にします。アンディがレッドへ宛てたその手紙には、消えかけた“心の灯”をもう一度灯してくれる“希望”への道標が記されていました。

かつて刑務所の図書係を任されていたアンディは、中古書籍の中にオペラ「フィガロの結婚」のレコードを見つけ、許可なく刑務所中に放送しました。それは刑務所の“人権を無視した管理体制”に対するささやかな抵抗だったのです。権力に屈しないアンディの勇気を乗せてショーシャンクの空に響き渡った“澄んだ歌声”は、囚人たちが獄中生活でなくしかけていた、希望や美しいものに感動する“人間らしい心”を蘇らせました。

アンディは言います。「心の豊かさを失ってはだめなんだ」と。それはアンディにとっての“希望の灯”でもあったのでしょう。たとえ物質的な全てを奪われたとしても、心に秘めた“自由や希望”までを奪いとることはできないという証でもあったからです。

どんな苦しい状況においても決して忘れてはいけないこと、それはあきらめることなく心に「希望の灯」を灯し続けるということです。たとえそれが灰の中で燻(くすぶ)る小さな灯だとしても、やがて風が吹けば大きな炎を生み出すこともできるのです。そしてその炎は、あなたの進むべき道を明るく照らし出してくれるはずです。

心に秘めた希望の灯が、
進むべき道を照らし出す

The Greatest Showman

グレイテスト・ショーマン

（2017）
監督：マイケル・グレイシー
主演：ヒュー・ジャックマン

理解される日が、必ず来る

They don't understand, but they will.

P・T・バーナム
（ヒュー・ジャックマン）

Story

貧しいながらも夢を持つバーナムは幼なじみの良家の令嬢チャリティと恋に落ち、やがて2人は結婚します。2人の娘にも恵まれ幸せな生活を送っていましたが勤めていた貿易会社が倒産。バーナムは銀行から多大な借金をして博物館を開館しますが、人気はイマイチ。そこで“フリークス”と呼ばれるちょっと風変わりな人たちを集めた新しいショーを思いつきます。様々な容姿のパフォーマーによる前代未聞のイベントは、“バカ騒ぎ”とこき下ろされますが、やがて“サーカス”という偉大な芸術へと発展していき…。

私はもう幸せよ…
チャリティ
（ミシェル・ウィリアムズ）
バーナムの妻
情熱に溢れてはいるが…
コンプレックス…
良い暮らしをさせてやる!
自由に生きてみたいだろ
熱烈スカウト
フィリップ
（ザック・エフロン）
上流社会に身をおく劇作家
下品
偽物
記者
サーカスを酷評
見返してやる
歌はもちろんステージ映えばつぐん
P.T.バーナム
（ヒュー・ジャックマン）
向こうみずで夢みるおじさん
兄と空中ブランコにのる
アン
君たちサイコー!!
個性豊かなサーカス団員たち
This is me

Cast&Staff

監督：マイケル・グレイシー
脚本：ジェニー・ビックス、ビル・コンドン
出演：ヒュー・ジャックマン、ザック・エフロン、ミシェル・ウィリアムズ、レベッカ・ファーガソン、他
音楽：ジョン・デブニー、ジョセフ・トラパニーズ、ベンジ・パセック、ジャスティン・ポール
撮影：シェイマス・マクガーヴェイー
編集：トム・クロス、ロバート・ダフィ、ジョー・ハッシング、マイケル・マカスカー、ジョン・ポル、スペンサー・サッサー

Check The Awards

★第90回（2017年）歌曲賞ノミネート 「This is Me」

前回のアカデミー賞において歌曲賞を受賞したベンジ・パセック＆ジャスティン・ポールらのスタッフが2年連続の歌曲賞を狙いましたが、「リメンバー・ミー」が長編アニメ映画賞とともに歌曲賞を受賞、その夢は阻まれました。

ミュージカル映画として「レ・ミゼラブル」や「ラ・ラ・ランド」の興行収入を上回る大ヒットを記録、主題歌「This is Me」はゴールデン・グローブ賞において映画の部・主題歌賞を獲得しています。

A Scene From the Movie

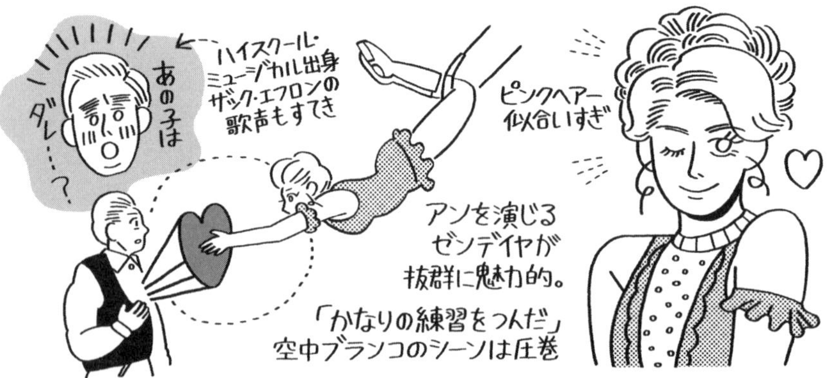

理解される日が、必ず来る

今までなるべく人目を忍んで生きてきた“ヒゲ女”レティ（キアラ・セトル）は、パフォーマーとして出演してほしいという提案を拒みます。「私にかまわないで」と心を閉ざすレティに対して、バーナムが言う自信に満ちた言葉です。

小人症や巨人、多毛症の犬男…、普通とは違う変わった風貌を“フリークス”という蔑称で差別され、それをコンプレックスとして生きてきたメンバーたち。でもちょっとだけ価値観を変えてみれば、他と違うということは何にも代えがたい貴重な資質となります。ユニークな見た目を“個性”と受け入れ磨きこめば代わりのいない“オンリーワン”になることができるのです。

奇抜なショーを、評論家に“バカ騒ぎ”とこき下ろされたバーナムは、個性を究極まで磨きあげ“サーカス”という偉大な芸術を作りあげました。彼は言います、「リスクなしに成功はない」と。

バーナムの“綱渡り人生”は、ひとつ踏み間違えれば奈落の底ですが、そのスリルと独創性がより高みへと昇る力となりました。「理解される日」を信じることこそが彼にとっての「This is Me」（これが私）だったわけです。しかし前だけを見ることを忘れ、名声や金銭に目がくらむという「脇目」を振ったとたんにバランスを崩してしまうことも学びます。自分の足元をしっかり見つめ、一歩一歩踏みしめて歩むことが何より大切なことなのだと悟ったバーナムは、まさに地に足が着いたというワケですね。

人の行かない道の先に、見たことのない風景がある

A Few Good Men

ア・フュー・グッドメン

(1992)
監督:ロブ・ライナー
主演:トム・クルーズ

あなたは弁護士じゃない。ただのセールスマンよ

You know nothing about the law.
You're a used-car salesman.

ジョアン・ギャロウェイ少佐
(デミ・ムーア)

Story

海兵隊の内部調査部ジョアン・ギャロウェイ少佐（デミ・ムーア）のもとに回ってきた調査案件は、海軍基地で起きた殺人事件でした。容疑者となった一等兵と兵長は無実を主張、ハーバード大学出身のダニエル・キャフィ中尉（トム・クルーズ）が弁護人に任命されます。司法取引の交渉を得意とするキャフィは適当な妥協点を見つけ示談で納めようとしますが、真実の追求を目指すジョアンは厳しく批判します。弁護士としての責務に目覚めていくキャフィは軍内部の絶対服従命令“コードレッド”の存在を知ることになり…。

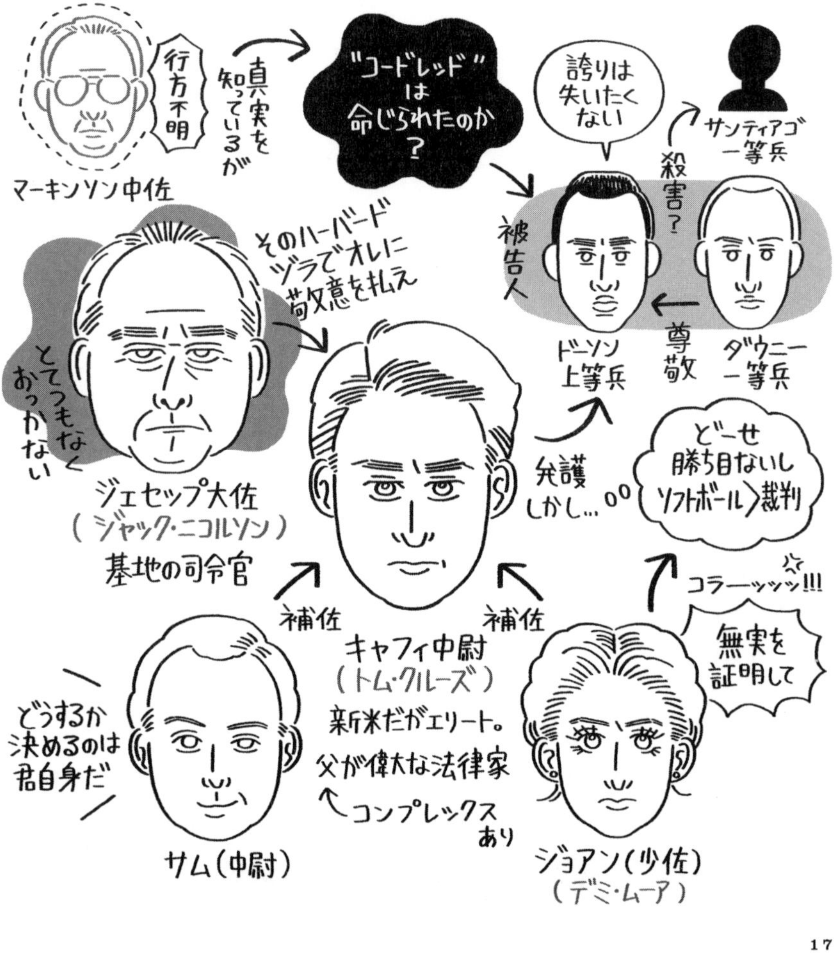

Cast&Staff

監督：ロブ・ライナー
脚本：アーロン・ソーキン
出演：トム・クルーズ、デミ・ムーア、ジャック・ニコルソン、ケヴィン・ベーコン、
キーファー・サザーランド、他
音楽：マーク・シャイマン
撮影：ロバート・リチャードソン
編集：ロバート・レイトン

Check The Awards

★第65回（1992年）助演男優賞ノミネート ジャック・ニコルソン
作品賞／編集賞／音響賞ノミネート

ジャック・ニコルソンが軍の最高幹部・司令官ネイサン・ジェセップ大佐役で助演男優賞にノミネートされました。
「You can't handle the truth!（「貴様ごときに真実はわからん！」）」というセリフは、AFI（アメリカン・フィルム・インスティチュート）が選出したアメリカ映画の名セリフベスト100の中に選出されています。

A Scene From the Movie

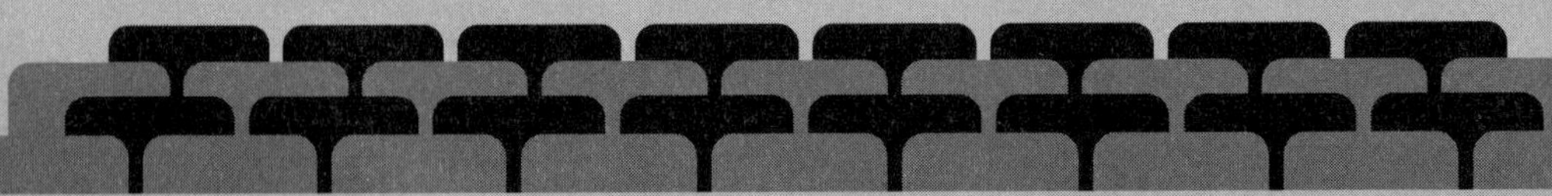

あなたは弁護士じゃない。
ただのセールスマンよ

弁護士のキャフィは、勝ち目のない裁判に挑むより手っ取り早く示談で妥協することを得策だと考えていました。そんな彼の仕事ぶりを見かねて、同じチームで闘う調査部のジョアンが厳しく叱責する一言です。「弁護士なら立ち上がって法廷で戦いなさいよ！自分の昇進しか頭にないクズね。哀れな奴！」ジョアンは吐き捨てるように言い放ちます。

ジョアンが憤っているのは、損得勘定だけに執心するキャフィの姿勢に対してです。そこに「正義の追求」や「仕事への誇り」を求めないのなら、“強欲な商人”と同じだと言っている訳です。

軍隊には規律を乱す者に制裁を加える絶対服従命令“コードレッド”が存在しました。そこに個人の感情をはさむ余地はありません。最高幹部ネイサン・ジェセップ大佐（ジャック・ニコルソン）は鬼の形相でキャフィを見据えて怒鳴ります。「貴様ごときに真実はわからん！」と。

偉大な法律家を父に持つキャフィ。極めて高い能力に恵まれていながら、真実の追求よりも有利に司法取引を終わらせることに専心してきました。しかし正義に目覚め気魂を得た“弁護士キャフィ”は言います。「何が大切な命令で、何が非道徳であるか。自分で判断すべきだ」と。

似たような構図が私たちの日常にもあります。会社の方針、上司の命令…。組織の中で理不尽な命令に葛藤することはしばしばです。しかしそれぞれの心の中にある“コードレッド”をもう一度考え直してみませんか。キャフィのように、人はいつでも生まれ変わることができるのですから。

**保身のために、
魂を売り渡してはいけない**

Wonder

ワンダー 君は太陽

（2017）
監督：スティーヴン・チョボスキー
主演：ジェイコブ・トレンブレイ

心は人の未来を示す地図。
顔は人の過去を示す地図なの

This is the map which shows where we are going.
This is the map which shows where we have been.

母親イザベル
（ジュリア・ロバーツ）

Story

先天的な遺伝子疾患で、人とは違う顔で生まれてきた10歳のオギー(ジェイコブ・トレンブレイ)は、両親と姉の4人暮らし。今まで27回もの手術を受け、ずっと自宅で引きこもり生活をしてきましたが、勇気を出して小学校へ通う決意をします。

当初は、その容姿からイジメにあってしまうオギーでしたが、新たな友人と出会い、大切な絆を育んでいきます。困難にもめげず前を向くオギーの行動は、しだいに周囲の環境を変えていき…。

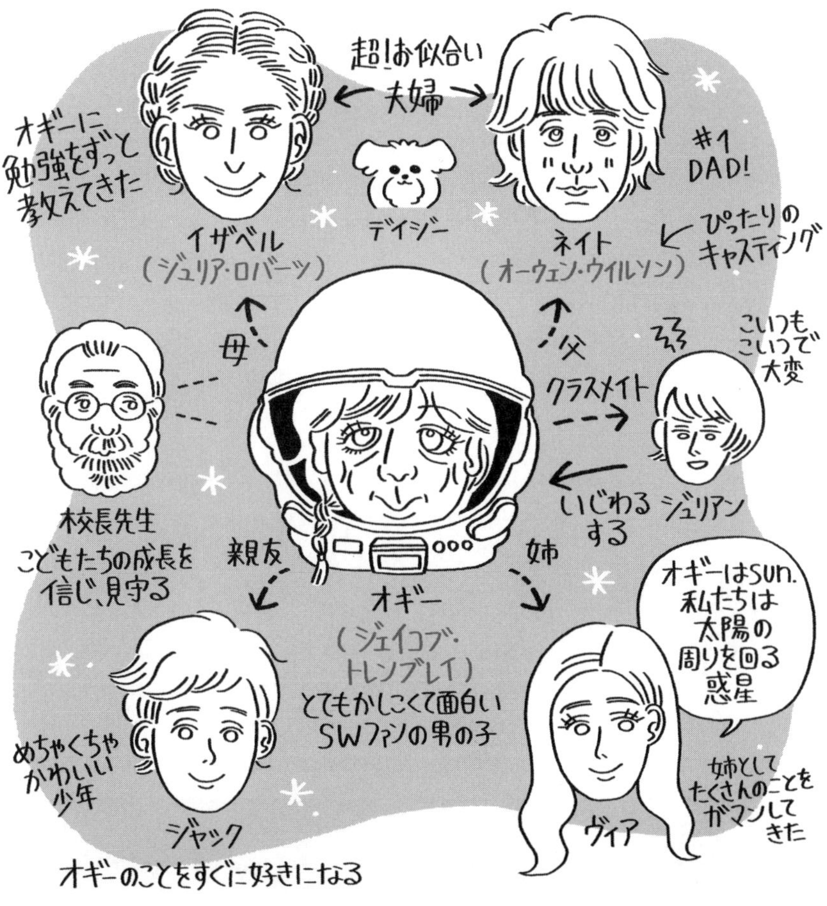

Cast&Staff

監督：スティーヴン・チョボスキー
脚本：ジャック・ソーン、スティーブン・コンラッド
出演：ジェイコブ・トレンブレイ、ジュリア・ロバーツ、オーウェン・ウィルソン、マンディ・パティンキン、他
音楽：マーセロ・ザーヴォス
撮影：ドン・バージェス
編集：マーク・リヴォルシー

Check The Awards

★第90回（2018年）メイクアップ＆ヘアスタイリング賞ノミネート アリエン・タウテン

「ルーム」（2015）で天才子役ぶりを発揮したジェイコブ・トレンブレイが特殊メイクにより、遺伝子疾患で顔に障害のある少年を演じました。ちなみに、この年同賞のオスカー像を手にしたのはメイクアップアーティスト・辻一弘（現カズ・ヒロ）。「ウィンストン・チャーチル／ヒトラーから世界を救った男」でゲイリー・オールドマンをチャーチルそっくりに変貌させ、日本人初の歴史的受賞となりました。

A Scene From the Movie

オギーのユニークな空想はどれも可愛くて健気。
映画を見終えてこのシーンを思い出すとさらに胸が熱くなる

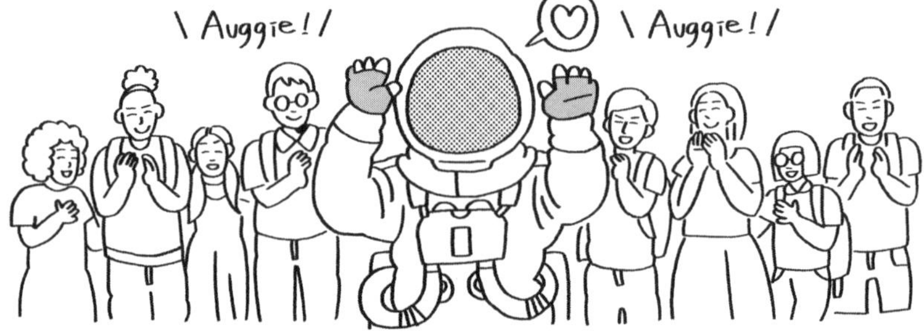

心は人の未来を示す地図。
顔は人の過去を示す地図なの

容姿をバカにされ、「もう学校へは行きたくない」と泣く最愛の息子オギーに対し、優しくも毅然とした態度で諭す母親イザベル（ジュリア・ロバーツ）の愛情に溢れた言葉です。

乗り越えてきた困難の数だけシワが刻まれ、日々の苦労は白髪を増やしてしまうけれど、全て一生懸命生きてきた証、人生の歴史を記録した美しい年輪です。そしてそれは、オギーの顔も同様。両親や祖父母…もっともっとずっと先祖の血縁から連なる大切な遺伝子の繋がりによって創造された、“唯一無二のかけがえのない姿”だからです。

私たちも、もっと目がパッチリしていたら…、鼻が高かったら…など、自分の容姿にコンプレックスを持ってしまいがちです。けれど、その違いは自分が気にしているほどたいそうな差ではありません。「スター・ウォーズ」のチューバッカ（この映画にも登場します）しかり、ちょっとヘンテコに思えても、それは狭い世界で生きてきた偏見にすぎません。オギーを支え続けてくれたブラウン先生は言います。「相手を知りたかったら方法はひとつ。よく見ることだ」と。

最初はギクシャクとしていたオギーとクラスメイトのジャックが、お互いを認め合い、やがてかけがえのない親友となり得たのは、“心の瞳”を開き、内面に潜む強い気持ちをしっかりと見ることができたからに他なりません。まずは、自分のあるがままを素直に受け入れてみること。そして次に、他者を否定することなく認め、その内面を理解すべく努力することこそが必要なのですね。

過去があってこその今。
全ては必然として繋がっている

American Graffiti

アメリカン・グラフィティ

(1973)
監督:ジョージ・ルーカス
主演:リチャード・ドレイファス

もしここにウルフマンが
居たらこう言うだろう。
ケツをあげて
ギヤを入れろ!って

I think if he was here
he'd tell you to get your ass in gear.

ラジオ局の男

Story

1962年カリフォルニア州の田舎町モデスト。高校を卒業したカート(リチャード・ドレイファス)とスティーブ(ロン・ハワード)は大学進学のため旅立つ予定でしたが、カートは町を離れる決心がつかず迷っていました。そこで後輩のテリー(チャールズ・マーティン・スミス)や悪友ジョン、ともに過ごした仲間たちと最後の夜を楽しむべく思い出の詰まった町へ車で繰り出すと、高級車・サンダーバードに乗ったブロンドの美女を見かけます。彼女に一目ぼれしてしまったカートは、なんとか連絡をとろうと懸命に探し回るのですが…。

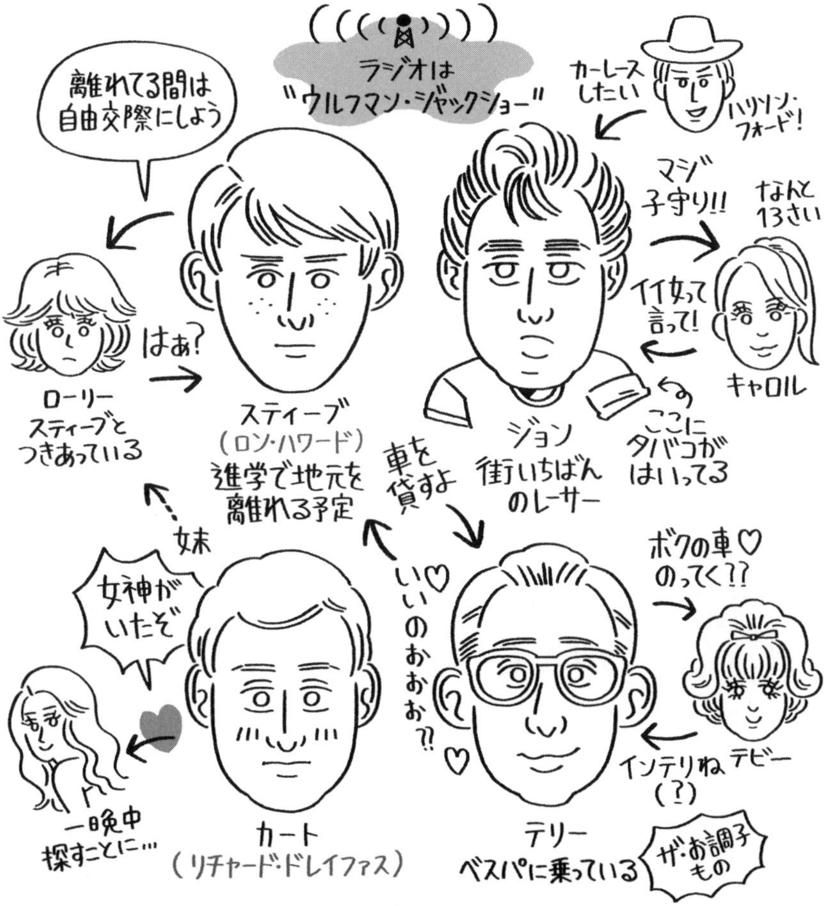

ラジオは
"ウルフマン・ジャックショー"
離れてる間は
自由交際にしよう
カーレース
したい
ハリソン・
フォード!
マジ
子守り!!
なんと
13さい
イイ女って
言って!
キャロル
はぁ?
ローリー
スティーブと
つきあっている
スティーブ
(ロン・ハワード)
進学で地元を
離れる予定
ジョン
街いちばん
のレーサー
ここに
タバコが
はいってる
車を
貸すよ
妹
女神が
いたぞ
いいのおおお??
ボクの車♡
のってく??
インテリね
(?)
デビー
一晩中
探すことに…
カート
(リチャード・ドレイファス)
テリー
ベスパに乗っている
ザ・お調子
もの

Cast&Staff

監督：ジョージ・ルーカス
脚本：ジョージ・ルーカス、グロリア・カッツ、ウィラード・ハイク
出演：リチャード・ドレイファス、ロン・ハワード、ハリソン・フォード、ウルフマン・ジャック、他
音楽：リチャード・ロジャース
撮影：ロン・イヴスレイジ、ジャン・ダルクイン、ハスケル・ウェクスラー
編集：ヴァーナ・フィールズ、マーシア・ルーカス

Check The Awards

★第46回（1973年）助演女優賞ノミネート キャンディ・クラーク 作品賞／監督賞／脚本賞／編集賞ノミネート

アカデミー賞では上記5部門においてノミネートされたものの無冠。この年のアカデミー賞を席巻したのは、作品賞や監督賞など7つのオスカーを受賞した「スティング」（124ページ参照）でした。監督としてオスカー受賞歴のあるロン・ハワード（「ビューティフル・マインド」90ページ参照）や無名時代のハリソン・フォード、また伝説の人気DJウルフマン・ジャック本人の出演にも注目です。

A Scene From the Movie

あらゆるシーンが"憧れのアメリカ"の風景。
なんといってもこのドライブインレストランの佇まいがたまらない！

もしここにウルフマンが居たらこう言うだろう。ケツをあげてギヤを入れろ!って

高校時代を過ごした思い出の町を車で流していると、隣の車線に白いサンダーバードが停まります。運転席の美女がこちらを見て微笑みながら何かを囁いたように見えました。一瞬で心を打ち抜かれてしまったカートは、必死に彼女を探し回りますが見つかりません。町はずれの小さなラジオ局へやってきたカートは、勇気を出して人気DJウルフマン・ジャックにメッセージを託すことにしました。あいにくウルフマン・ジャックは不在でしたが、伝言を約束してくれた男性はカートの尻を叩くように言うのでした。

高校時代にたくさんの思い出を作ってきたこの田舎町とも今日でお別れです。しかし心の片隅では町を離れる決断をためらってもいました。ロマンチックな大人の恋に憧れ、甘酸っぱい夢を抱いた高校生活。期待したほどのことは何も起こらなかった夏休みの最終日に抱く“やるせない物足りなさ”は、万国共通、青春時代のお約束なのかもしれませんね。

「外の世界はとてつもなく素晴らしいぞ!」

弱気な気持ちを察したラジオ局の男性は、下を向くカートの背中を押すようにそう笑って言います。

慣れ親しんだ世界を飛び出すには勇気がいるものです。けれど新しい場所へ行くためには、今いる所から離れなければなりません。もしアナタが迷っているのなら、思い切って“ギヤをぶち込み”次のステージへ走り出してみてはどうでしょうか。目の前の単調な道が、まばゆい未来へと続くスタート地点に変わるはずですよ。

迷っている時こそ、
停まってはいけない

Gone Baby Gone

ゴーン・ベイビー・ゴーン

（2007）
監督：ベン・アフレック
主演：ケイシー・アフレック

何が正しいか、選択の道を誤るな

You could do a right thing here. A good thing.
Men live their whole lives without getting this chance.

ジャック・ドイル
（モーガン・フリーマン）

Story

ある日、ボストンの私立探偵パトリック・ケンジー（ケイシー・アフレック）とアンジー・ジェナーロ（ミシェル・モナハン）のもとに、少女誘拐事件の捜査依頼が舞い込みます。誘拐された4歳の少女アマンダの伯父夫婦が、いっこうに進展をみない警察捜査にいらだち独自捜査の依頼に訪れたのでした。ボストン市警のブレサント刑事（エド・ハリス）らの協力を得て捜査を進めるパトリックとアンジーは、少しずつ真相を究明していきますが、事件は思いもよらぬ方向へと急展開していき…。

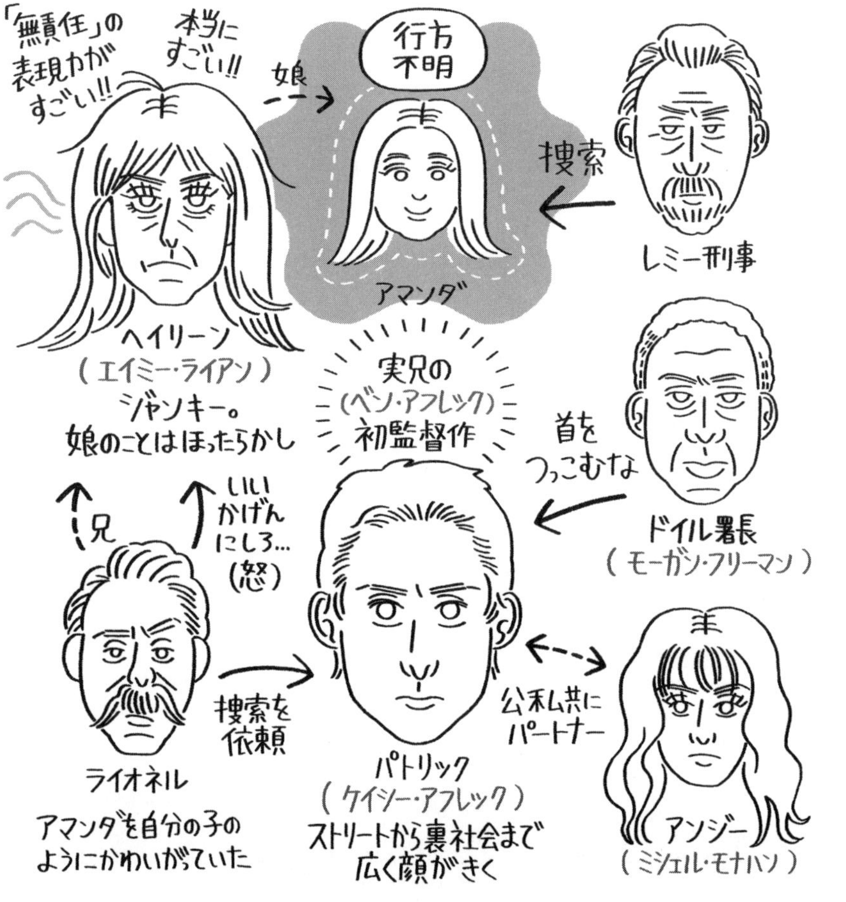

「無責任」の表現力がすごい!!

本当にすごい!!

娘

行方不明

アマンダ

捜索

レミー刑事

ヘイリーン
（エイミー・ライアン）
ジャンキー。
娘のことはほったらかし

実兄の
（ベン・アフレック）
初監督作

首をつっこむな

ドイル署長
（モーガン・フリーマン）

兄

いいかげんにしろ…（怒）

捜索を依頼

公私共にパートナー

ライオネル

アマンダを自分の子のようにかわいがっていた

パトリック
（ケイシー・アフレック）
ストリートから裏社会まで広く顔がきく

アンジー
（ミシェル・モナハン）

Cast&Staff

監督：ベン・アフレック
脚本：ベン・アフレック、アーロン・ストッカード
出演：ケイシー・アフレック、ミシェル・モナハン、モーガン・フリーマン、エイミー・ライアン、他
音楽：ハリー・グレッグソン＝ウィリアムズ
撮影：ジョン・トール
編集：ウィリアム・ゴールデンバーグ

Movie Check!

★第80回（2007年）助演女優賞ノミネート エイミー・ライアン

2007年11月から始まった全米脚本家組合のストライキによって映画界は揺れました。開催の危ぶまれたアカデミー賞授賞式でしたが直前にストが終結、からくも実施にこぎつけました。助演女優賞に初ノミネートされたエイミー・ライアンでしたが受賞はならず。「グッド・ウィル・ハンティング／旅立ち」（1997）（78ページ参照）で脚本賞を受賞したベン・アフレックの監督デビュー作であるとともに、実弟のケイシー・アフレックが主演を務めた記念すべき作品です。

A Scene From the Movie

何が正しいか、選択の道を誤るな

ドイルは、法を破る犯罪者と真正面から向き合い、日々闘うことに生涯を捧げてきたと言っても過言ではありません。探偵という立場でありながら、警察官以上に悪を憎みまっすぐに正義を貫こうとするパトリックは、ドイルの若き日の姿なのかも知れません。

法律は社会の秩序を維持するためには不可欠なものですが、視点を変えれば“その社会でのみ通用するルール”にすぎないとも言えます。かつての人種差別政策や同性愛を禁ずる法律など、時代や場所が変われば“法そのもの”が根本から変わってしまうからです。そこを見誤り盲目的に型通りの“ルール”をかざせば、“真の正義”を見失ってしまうことにもなりかねません。

ドイルは言います。「他人の行動は自分の価値観では測れない。皆、自分の心しか覗けないのだ」と。

さて“正しい選択”とはいったい何でしょう？そして“正義”とはどうあるべきだと思いますか？

パトリック、アンジー、ドイルにそれぞれ〝違った正義〟があるように、答えはアナタ自身が決めるべきものなのです。そして、どんな結果が訪れようとも後悔しない決断、それこそが自分にとっての“正しい選択”となり得るのかもしれませんね。

正しい選択とは？善とは？正義とは？その難問の答えは、自分自身の心の中でしか見つけることはできないものなのですね。

常識にとらわれず、
自分なりの正義を貫け！

The Great Escape

大脱走

（1963）
監督：ジョン・スタージェス
主演：スティーブ・マックイーン、リチャード・アッテンボロー

普通の人間なら断って当然だ

Well, I mean it's completely understandable.

ロジャー・バートレット＝ビッグX
（リチャード・アッテンボロー）

Story

第二次大戦下、連合軍の脱走常習捕虜たちに手を焼いていたドイツ軍は、厳重な管理体制下の収容所で捕虜を管理しようと試みます。移送されてきた数百人の捕虜たちの中には、脱走名人のヒルツ（スティーブ・マックイーン）やトンネル掘りの達人ダニー（チャールズ・ブロンソン）など強者が勢ぞろいしていました。集団脱走の作戦リーダー"ビッグX"こと英国空軍ロジャー・バートレット少佐（リチャード・アッテンボロー）は、彼らを束ね前代未聞の大量脱走計画を進行させていくのですが…。

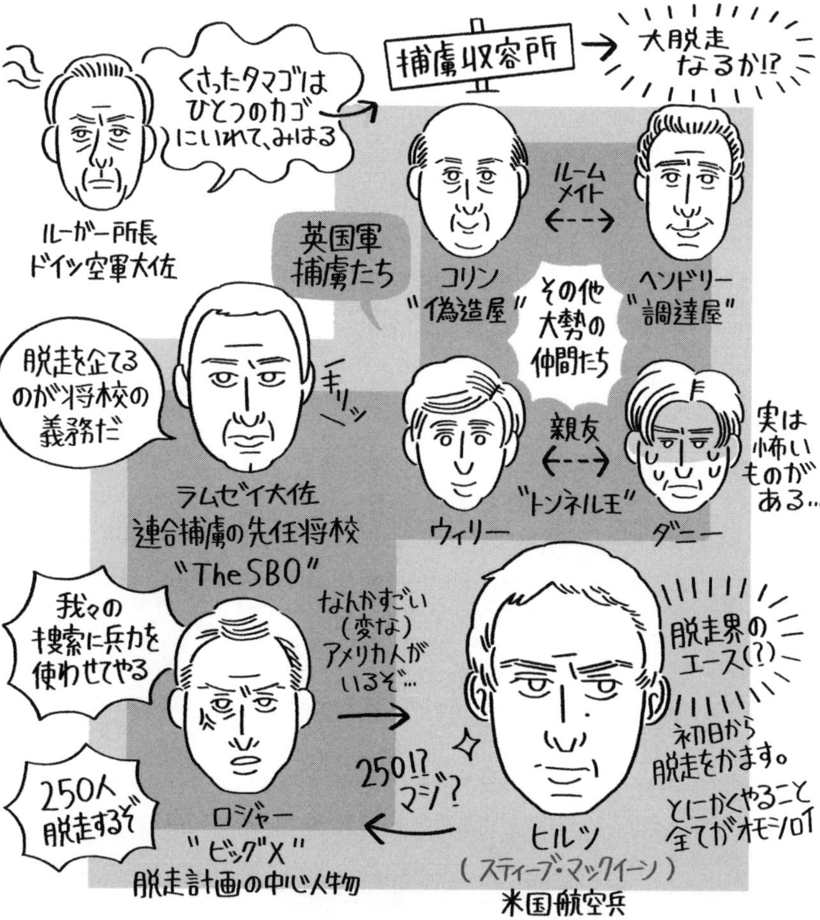

Cast&Staff

監督：ジョン・スタージェス
脚本：ジェームズ・クラヴェル、W・R・バーネット
出演：スティーブ・マックイーン、リチャード・アッテンボロー、チャールズ・ブロンソン、他
音楽：エルマー・バーンスタイン
撮影：ダニエル・ファップ
編集：フェリス・ウェブスター

Check The Awards

★第36回（1963年）編集賞ノミネート フェリス・ウェブスター

アカデミー賞では無冠でしたが、後の映画界に多大な影響を与え、近年ではクウェンティン・タランティーノ監督作品「ワンス・アポン・ア・タイム・イン・ハリウッド」(2019)の劇中に「大脱走」のリスペクト・シーンが挿入されました。主演を務めたスティーブ・マックイーンとともに、チャールズ・ブロンソン、リチャード・アッテンボロー、ジェームズ・コバーン、ジェームズ・ガーナーなど数々のスターを輩出、史実を基にした3時間を超える大作は日本でも多くの映画ファンを魅了しました。

A Scene From the Movie

普通の人間なら断って当然だ

ドイツ軍の捕虜収容所からの250名もの大量脱走計画を仕切る“ビッグX”ことロジャー・バートレット少佐が、孤高の脱獄王ヒルツに向かって語るセリフです。ヒルツは過去18回もの脱走を実行している猛者。そんな彼の並外れたバイタリティに目を付けたバートレットは、常識では考えられない提案を彼に投げかけます。それは収容所付近の地理情報を収集するため、単独で脱走し調査後に再び捕虜として戻って来てほしいという突拍子もないものでした。

猛者達をまとめあげ、完璧な作戦を実行すべく舵を取るリーダーのバートレットが目指した“大脱走計画チーム”は、適材適所の業務分担システムにその注目すべき妙があります。各々の特化した才能をいかんなく発揮しあらゆる難関を越えてゆく完璧なチームワーク。情報屋マクドナルド、調達屋ヘンドリー、偽造屋コリン、仕立て屋のグリフィス、測量屋カベンディッシュ、そしてトンネル屋のダニーとウィリー。各自がそれぞれ責任をもって任務を遂行しその成果を結集するスタイルは、私たちが模範とすべき“組織の理想形”なのではないでしょうか。

「今このトンネルを抜け出さないと、今までやってきたことが無駄になる」一緒にトンネルを掘り続けてきた相棒のウィリーが、崩落の恐怖に怯えるダニーの肩を抱きます。“特化した個の力”とともに不可欠なのが“弱点を補うチーム力”です。双方が結実した時“暗く長いトンネル”の先に希望の出口が開くのですね。

個の能力は、チーム一丸となって
より大きな成果を生む

映画はどこで観るモノ?

シネマとトモニ 4

ネットで映画館の座席予約ができる便利な世の中になりましたが、それ以前は全席自由席が基本でした。人気作品は立ち見も多く、通路の階段に座って観賞できればラッキーという、のどかな時代でしたね。

今では映画をスマホやPCでオンライン視聴する人も増えました。定額料金で数多くの映画を見放題できるNetflixはその最大手ですが、そのNetflixが製作した"オリジナル作品"を巡って映画界は揺れています。

そもそもアカデミー賞には、劇場観賞を促し映画館文化を守っていこうという側面があるため、ネット配信でしか観ることのできない作品はノミネートの対象外となっていたからです。

しかしメガヒットを期待し大衆受けする娯楽作品に偏りがちな既存の大手スタジオに対して、芸術性の高いこだわりの作品にも資金提供をしてくれるNetflixは、才能ある個性的なクリエイター達にとっては救世主的な存在でもあり、ネット配信の映画作品をアカデミー賞の対象にするかどうかは、意見が分かれる難しい問題となっているのです。

新型コロナの影響で追い風の吹くオンライン・スタイルですが、個人的にはやはり映画館へと足を運び、あの"空気感"を味わって欲しいとも思います。視聴スタイルの変容を"進化"として受け容れながらも、双方の良さを認め合い、より良い着地点を見つけて欲しいと切に願いますね。

周囲の評価なんて気にしない！
アカデミー賞とは無縁…だけど、
きっと誰かにススメたくなる5本

レコメンド・シネマ

「悲しいですね、大切なことをやらないなんて」
（「ブリグズビー・ベア」より）

★★★★★

Gran Torino

グラン・トリノ

（2008）
監督：クリント・イーストウッド
主演：クリント・イーストウッド

俺は関わってきたことに
決着をつけなければ
ならない。
いつもそうしてきた。
だから俺一人でやる

I finish things. that's what I do.

ウォルト・コワルスキー
（クリント・イーストウッド）

Story

妻に先立たれた元軍人のウォルト（クリント・イーストウッド）は、デトロイトでひとり余生を送っていました。長年フォードの工場で働き続け米自動車産業を支えたと自負しているウォルトは、愛車グラン・トリノを自分の勲章のように大切にしています。しかし家族からは理解されず、息子は日本車のセールスマンをしているという有様。そんなある日、アジア系の移民家族が隣家に越してきます。偏屈で意固地なウォルトは彼らを疎ましく思いますが、少年タオ（ビー・ヴァン）との交流がしだいにウォルトの心を開いていき…。

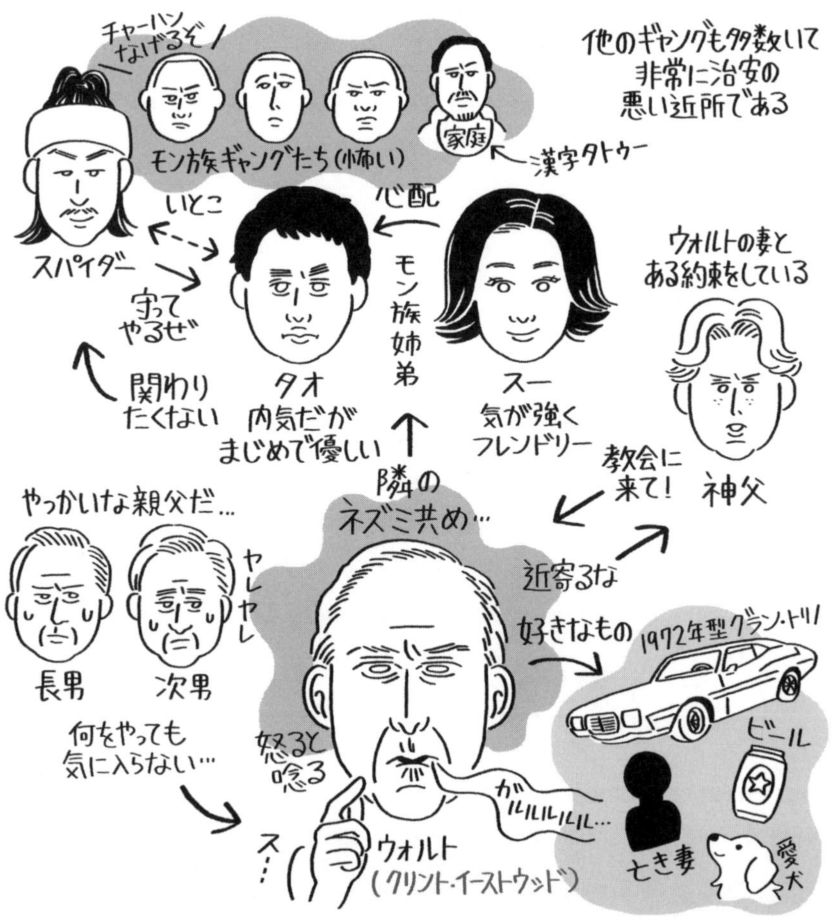

Cast&Staff

監督：クリント・イーストウッド
脚本：ニック・シェンク
出演：クリント・イーストウッド、ビー・ヴァン、スコット・リーヴス（スコット・イーストウッド）、他
音楽：カイル・イーストウッド、マイケル・スティーブンス
撮影：トム・スターン
編集：ジョエル・コックス、ゲイリー・D・ローチ

Movie Check!

1992年「許されざる者」、2004年「ミリオンダラー・ベイビー」で監督賞を受賞しているクリント・イーストウッドですが、本作ではノミネートすらされませんでした。本作の配給元であるワーナー・ブラザースが、ブラッド・ピット主演の大作「ベンジャミン・バトン　数奇な人生」（アカデミー賞13部門でノミネート）を推していたことが影響したといわれています。現在（2020年）までに40本以上のメガホンを取り続けるクリント・イーストウッドですが、いまだ俳優としては無冠です（1994年にその偉大なる功績を称え名誉賞ともいえるアーヴィング・G・タルバーグ賞が授与されています）。

A Scene From the Movie

俺は関わってきたことに
決着をつけなければならない。
いつもそうしてきた。
だから俺一人でやる

人嫌いで頑固なウォルトの内面に目を向け、父親のように慕ってくれた隣家の少年タオに向かって静かに語る魂の言葉です。

そもそもウォルトの屈折した性格の根底には、朝鮮戦争に出征し、祖国のためとはいえ人を殺してしまった拭えぬ罪の記憶があります。

妻の死後、教会の若い神父が彼の元を訪れます。戦争で命じられやむなくした行為は、懺悔(ざんげ)によって許されその重荷を下ろすことができるのだと言うのです。物知り顔で諭す神父に対してウォルトはこう言います。「最後まで人を苦しめるのは、命じられてしたことじゃない。自らやったということなのだ」と。

平和のためと信じて戦った戦争、祖国を支えるべく働き続けた工場、家族の団欒(だんらん)…。信じてきたものはすべて形を失ってしまいました。それでもウォルトは自分の人生を恥じてはいません。タオと彼の家族を守るために命を賭けるウォルト。それは自分の誇りを守るための信念の行動でもあります。

自分の行動に責任を持ち、時代の流れや組織の思惑に翻弄されることなくぶれずに生きる。「ダーティー・ハリー」のハリー・キャラハン刑事*しかり「ミリオンダラー・ベイビー」のフランキー（148ページ参照）しかり、イーストウッド演じる主人公の真骨頂でもあります。不器用ながら自身の正義を貫く生き方。無骨だけれど精悍で誇り高いその姿は、まさにウォルトが愛し続けた“72年型のグラン・トリノ”そのものなのですね。

独自の正義には、
全うすべき責任が伴う

＊「ダーティー・ハリー」の主人公　独自の正義を貫く型破りな刑事

★ ★ ★ ★ ★

Chef

シェフ
三つ星フードトラック始めました

（2014）
監督：ジョン・ファヴロー
主演：ジョン・ファヴロー

パパは立派な人間じゃない。
良い夫でも良い父親でもない。
だが俺の料理は最高だ。
オマエにそれを伝えたいんだ

I'm not perfect.I'm not the best husband.
And I'm sorry if I wasn't the best father.
But I'm good at this.
And I wanna share this with you.

◇

カール・キャスパー
（ジョン・ファヴロー）

Story

カール（ジョン・ファヴロー）はLAの有名店で人気シェフとして充実した日々を送っていました。そんなある日、人気料理評論家が店に取材に来ることになります。斬新なメニューで評価をあげようと張り切るカールでしたがオーナーは承諾しません。やむなく出した定番料理は予想通り酷評され、カールは相手をSNSで罵倒してしまいます。その醜態があっという間に拡散、職を失ったカールは10歳の息子パーシー（エムジェイ・アンソニー）と協力して中古のフードトラックを改修し、サンドイッチの移動販売で再起をはかるのですが…。

Cast&Staff

監督：ジョン・ファヴロー
脚本：ジョン・ファヴロー
出演：ジョン・ファヴロー、スカーレット・ヨハンソン、エムジェイ・アンソニー、
ダスティン・ホフマン、ロバート・ダウニーJr.、ジョン・レグイザモ、他
音楽：マシュー・スクレイヤー
撮影：クレイマー・モーゲンソー
編集：ロバート・レイトン

Movie Check!

「アイアンマン」で大成功をおさめたジョン・ファヴロー監督が、監督、製作、脚本そして主演も務めた、自身入魂の作品です。ファヴローは、「アイアンマン」次回作の高額オファーを蹴って、本作品に全力投球したと言われています。

一見コメディタッチで描かれている本作ですが、まさにファヴロー自身の信念をテーマとして据えた、ヒューマンドラマとして芯の通ったストーリーは、著名人たちを中心に共感が広がり絶賛されました。

A Scene From the Movie

パパは立派な人間じゃない。
良い夫でも良い父親でもない。
だが俺の料理は最高だ。
オマエにそれを伝えたいんだ

ゼロからの再出発を決意したカールは、初めてシェフになった記念すべきマイアミに戻り、ボロボロだったフードトラックを親子で力を合わせて修復します。そこで再起をかけて作った“キューバンサンド”の評判も上々でしたが、慣れない焼き係を担当したパーシーは表面をうっかり焦がしてしまうのでした。

それでも「試食品だからいいか」と気にしないパーシー。カールは表情を一変させ、料理人としての誇りと信念を伝えます。それは大切な息子パーシーへ、父親としての生き様を伝える大事な言葉でもあります。「自分の納得しないモノを客に提供しない」それは譲れないカールのポリシーです。そのこだわりこそが有名店を辞めた理由でもあります。

わからずやの上司、自分勝手なクライアント、目先の利益しか頭にない浅はかな組織などなど…。目の前にある現実が頭をよぎり、思わずカールのキューバンサンドを一緒に焼きたくなる人も多いのでは。「自分の料理で人をちょっとだけ幸せにできる。それがパパの人生の喜びなんだ」そう言うカールは「焦げたサンドを出すのか？」ともう一度息子に問い直します。父親の気概を敏感に感じ取ったパーシーは神妙な面持ちで、首を横に振るのでした。

最愛の息子が生まれたスタートの地で、カールもまた父親として生まれ変わることができた記念すべき瞬間です。人生はSNSと違い、炎上してしまった後でもやり直しがきくということなのですね！

根本があれば、
何度でも生まれ変われる

The Magnificent Seven

マグニフィセント・セブン

（2016）
監督：アントワン・フークワ
主演：デンゼル・ワシントン

炎で失ったものも、灰の中に在り続ける

What we lost in the fire, we will find in the ashes.

グッドナイト・ロビショー
（イーサン・ホーク）

Story

悪徳実業家バーソロミュー・ボーグは、ローズクリークの町にある金鉱に目を付け、土地を奪い取ろうと圧力をかけていました。勇敢に立ち向かった夫を目の前で殺されたエマ（ヘイリー・ベネット）は、自分たちの開拓した大切な土地を守るために立ち上がります。町の住民から金をかき集めたエマは、正義のために命を賭して戦ってくれるアウトローたちを集めます。賞金稼ぎのサム・チザム（デンゼル・ワシントン）、二丁拳銃のジョシュ・ファラデー（クリス・プラット）をはじめとした凄腕の7人が、ボーグの無法を成敗すべく集結し…。

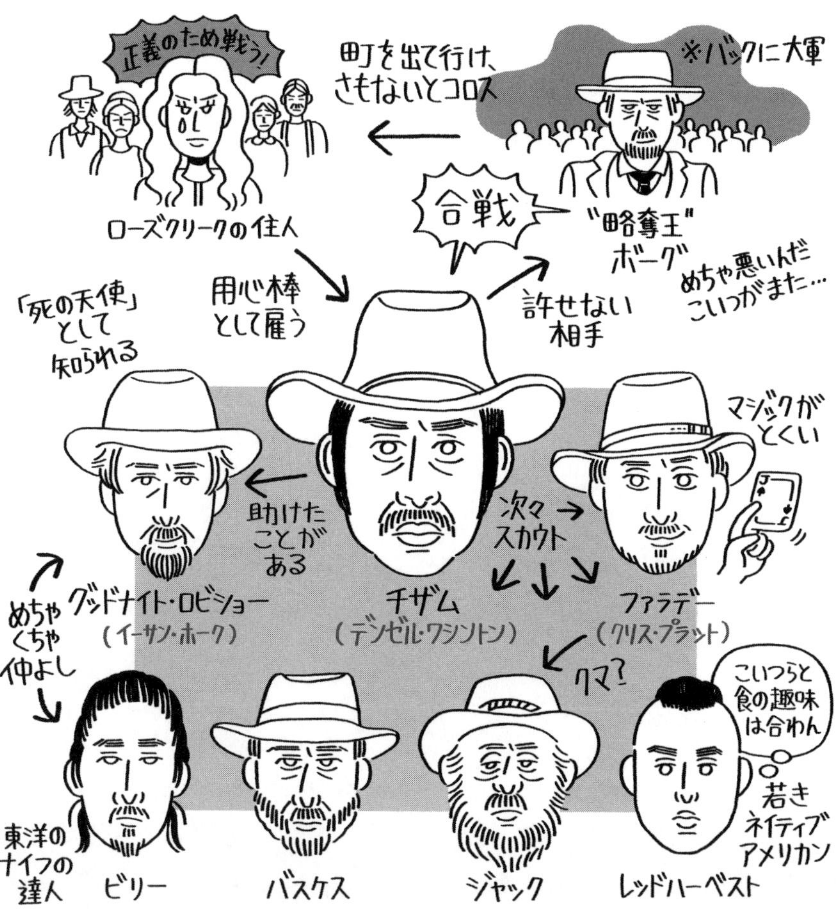

Cast&Staff

監督：アントワン・フークワ
脚本：ニック・ピゾラット、リチャード・ウェンク
出演：デンゼル・ワシントン、クリス・プラット、イ・ビョンホン、イーサン・ホーク、ヘイリー・ベネット、他
音楽：ジェームズ・ホーナー、サイモン・フラングレン
撮影：マウロ・フィオーレ
編集：ジョン・ルフーア

Movie Check!

「トレーニング デイ」「イコライザー」のアントワン・フークワ監督とデンゼル・ワシントンが三度タッグを組み、映画史に残る名作・黒澤明監督「七人の侍」（56ページ参照）のハリウッド版「荒野の七人」を半世紀ぶりにリメイクしました。「タイタニック」（66ページ参照）でアカデミー作曲賞を受賞しているジェームズ・ホーナー（ノミネート10回）が音楽を担当予定（フークワ監督の前作「サウスポー」でも音楽を担当）でしたが、自身が操縦していた飛行機が墜落し急逝、亡くなった後にすでに本作の楽曲が完成していたことが判明し、彼にとっての遺作となりました。

A Scene From the Movie

炎で失ったものも、灰の中に在り続ける

南北戦争では“死の天使”として恐れられた南軍伝説の名狙撃手グッドナイト・ロビショー（イーサン・ホーク）と、北軍の騎兵隊で活躍した一匹狼のチザムが、長い時を経て再会し交わす言葉です。終戦後、捕虜になっていたロビショーは、北軍にいたチザムに助けられた過去がありました。「雨は必ずあがる」チザムはそう言って笑います。

2人はともに激しい戦火の中で多くの大切なモノを失ってきたに違いありません。しかし“正義と信じた戦い”で失くした多くのモノも、けっして“無”になってしまう訳ではないのです。たとえ戦火に燃え尽き“灰”というカタチに姿を変えてしまったとしても、そこに宿っていた“本質”は変わらないからです。

古代中国の自然哲学である五行思想では、「木が燃え火を生み、灰となって土に還り、土中の鉱物から水が生じ、樹木を育てる」というエンドレス・サイクルが互いを生み出し続けているのだと考えます。

失ってしまったモノもその本質は灰の中に生き続け、やがて新芽を息吹き花を咲かせるということです。過去の戦いを経て認め合った互いへのリスペクトが、絶望的な戦いに挑む新たな絆を生んだのです。

突然の飛行機事故により本作品が遺作となったジェームズ・ホーナー。彼の遺した功績と崇高な意志も、間違いなく多くの人々の心の中に引き継がれています。それは後進たちの“根源”となり、新たな芽を生み出す力となっていくのですね。

崇高な意志があれば、
その本質は永遠に在り続ける

La migliore offerta

鑑定士と顔のない依頼人

（2013）
監督：ジュゼッペ・トルナトーレ
主演：ジェフリー・ラッシュ

いかなる贋作の中にも、
必ず本物が潜むものだ

There's something authentic in every forgery.

ヴァージル・オールドマン
（ジェフリー・ラッシュ）

Story

美術品の鑑定士ヴァージル・オールドマン（ジェフリー・ラッシュ）のもとに、遺産品を査定してほしいという鑑定依頼が入ります。神経質で偏屈なヴァージルは、姿を現さない依頼人による礼を逸したそのオファーを一度は拒みますが、根負けしやむなく引き受けることになりました。古い屋敷を訪れ家具や調度品を見分し貴重な美術品の存在とともに、謎多き依頼人クレアに心惹かれていくヴァージルは…。

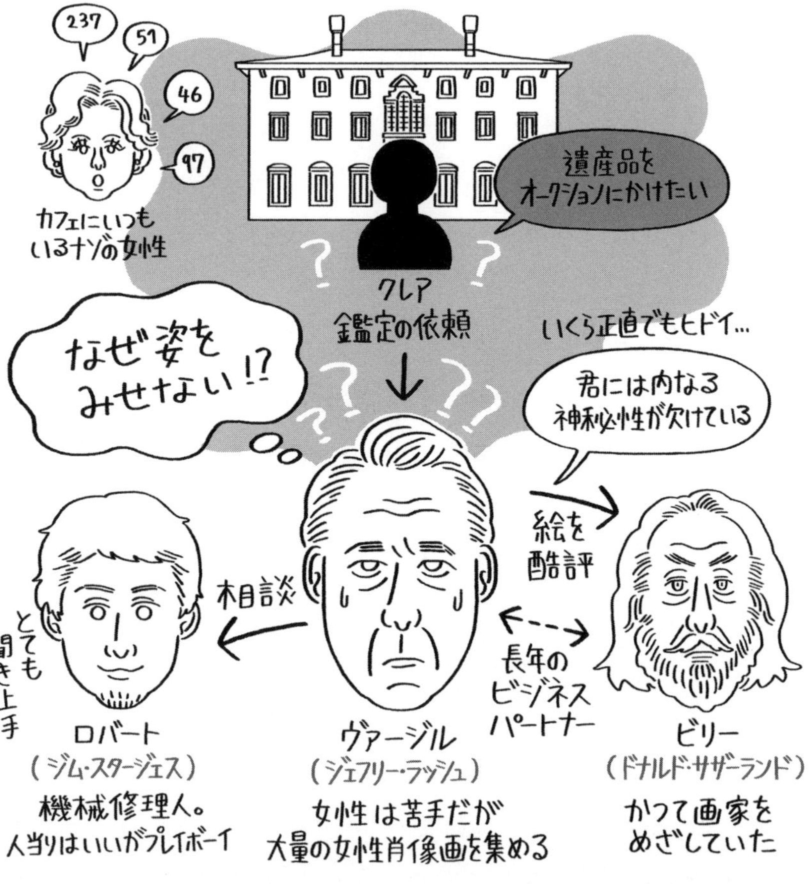

237
51
46
97
カフェにいつもいるナゾの女性

遺産品をオークションにかけたい

クレア
鑑定の依頼

なぜ姿をみせない!?

いくら正直でもヒドイ…

君には内なる神秘性が欠けている

絵を酷評

相談

長年のビジネスパートナー

とても聞き上手

ロバート
（ジム・スタージェス）
機械修理人。
人当りはいいがプレイボーイ

ヴァージル
（ジェフリー・ラッシュ）
女性は苦手だが
大量の女性肖像画を集める

ビリー
（ドナルド・サザーランド）
かつて画家を
めざしていた

Cast&Staff

監督：ジュゼッペ・トルナトーレ
脚本：ジュゼッペ・トルナトーレ
出演：ジェフリー・ラッシュ、シルヴィア・フークス、ジム・スタージェス、ドナルド・サザーランド、他
音楽：エンニオ・モリコーネ
撮影：ファビオ・ザマリオン
編集：マッシモ・クアッリア

Movie Check!

イタリア映画アカデミーが主催するダヴィッド・ディ・ドナテッロ賞では、作品賞、監督賞、美術監督賞、衣装賞、音楽賞を受賞しました。「ニュー・シネマ・パラダイス」（1988）で外国語映画賞を受賞したジュゼッペ・トルナトーレ監督とともに、数多くの作品を作り続けた作曲家のエンニオ・モリコーネは、第79回米国アカデミー賞において名誉賞を受賞。

第88回には「ヘイトフル・エイト」（2015）で作曲賞を受賞するに至りますが、2020年7月に享年91歳でこの世を去りました。

A Scene From the Movie

いかなる贋作の中にも、必ず本物が潜むものだ

カビの生えた古びた木片の下に絵画が隠れていることを予見するヴァージル。表面の汚れを取り除くと言葉通り肖像画が浮かび上がってきました。しかし貴重な発見だと驚嘆する収集家たちの反応をよそに、ヴァージルは“偽物”だと断言します。彼は贋作者が絵画の中に忍ばせた“密かな痕跡”を見逃さなかったのです。ヴァージルのこの心得は、美術品の真贋を見極めるポイントでありながら、あらゆる事柄にも当てはまる深い真理として心に残ります。

ヴァージルは偏屈で気難しい性格ゆえに心を許せる友人もいませんでした。しかし依頼人クレアの謎めいた魅力に惹かれていきます。今までずっと面倒な人間関係を避けてきましたが、彼の人嫌いは自分の苦手な部分から目を背けてきた“偽りの姿”だったのかもしれません。ヴァージルはクレアとのやり取りの中で、自分の心の奥底に潜んでいた“人を愛するという本物の感情”に目覚めることができました。そしてクレアと心を通わせた時間は、人生で初めて知る生気に満ちた“本物の時”ではなかったでしょうか。ヴァージルにとってそれは、どんなに高価な絵画よりもはるかに価値のある“貴重なもの”となったに違いありません。

人は手にしたモノの“真贋”にこだわりますが、大切なことは自分にとって“本物”であるか否かではないでしょうか。自分を偽らず素直になることで気付くことのできる貴重なモノがあります。それは金銭的な価値とは関係なく、形あるモノですらないかもしれません。しかし、その“真贋”を決めるのはアナタ自身の心なのです。

大切なことは、
自分にとっての本物であるということ

Brigsby Bear

ブリグズビー・ベア

（2017）
監督：デイヴ・マッカリー
主演：カイル・ムーニー

悲しいですね、大切なことをやらないなんて

It's very sad that you didn't get to do what's important to you.

ジェームス
（カイル・ムーニー）

Story

25歳の青年ジェームス(カイル・ムーニー)は、街から離れた砂漠にあるドームシェルターの中で両親と暮らしていました。親に「外に出てはいけない」と言われているジェームスの楽しみは、子どもの頃から毎週届けられる教育ビデオ「ブリグズビー・ベア」の番組を研究することでした。

そんなある日、警察がやってきてジェームスを救出、両親は逮捕されてしまいます。なんと両親だと思っていた2人は誘拐犯だったのです。ジェームスは、本当の家族の元へ戻され新しい生活を始めるのでしたが…。

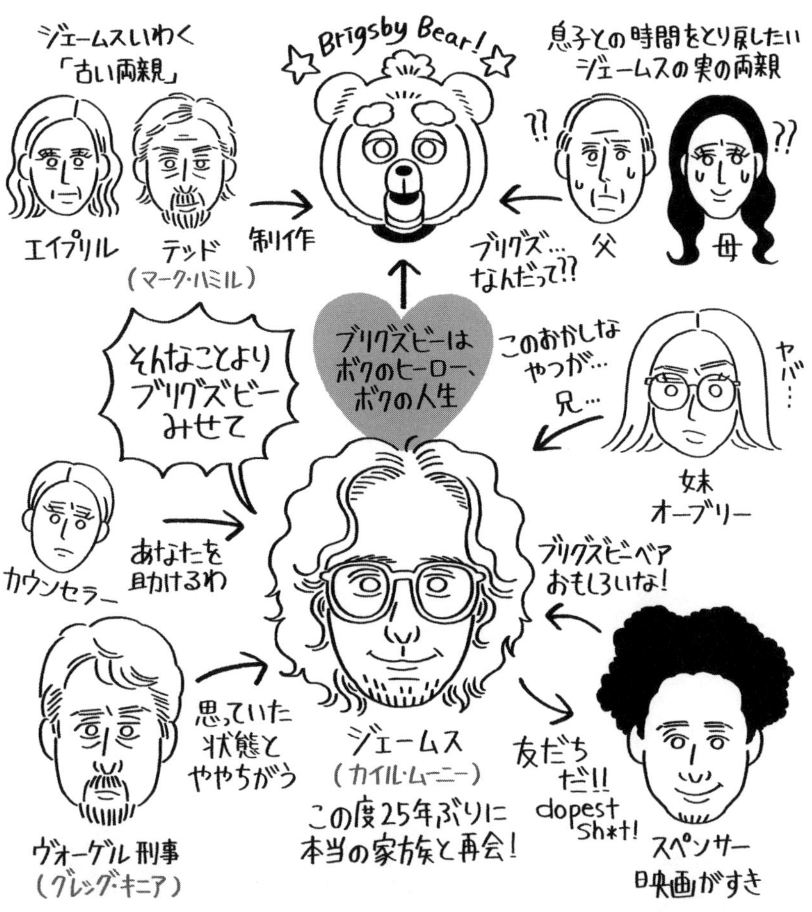

Cast&Staff

監督：デイヴ・マッカリー
脚本：カイル・ムーニー、ケヴィン・コステロ
出演：カイル・ムーニー、マーク・ハミル、ジェーン・アダムス、グレッグ・キニア、他
音楽：デヴィッド・ウィンゴ
撮影：クリスチャン・スプレンガー
編集：ジェイコブ・クレイクロフト

Movie Check!

人気番組「サタデー・ナイト・ライブ」で活躍するコメディアン、カイル・ムーニーが主役を務め、中学時代の仲間デイヴ・マッカリー、ケヴィン・コステロらと製作したインディペンデント作品です。サンダンス映画祭（低予算作品の映画祭）でプレミア上映されました。第50回アカデミー賞（1977年）で6部門を受賞した「スター・ウォーズ」でルーク・スカイウォーカーを演じたマーク・ハミルが本作では不思議な誘拐犯を熱演、また第70回（1997年）「恋愛小説家」（86ページ参照）で助演男優賞にノミネートされたグレッグ・キニアも出演しています。

A Scene From the Movie

悲しいですね、
大切なことをやらないなんて

ジェームスの誘拐事件を担当したヴォーゲル刑事（グレッグ・キニア）は、高校時代に夢中になっていた「シェイクスピア」の演劇のセリフを少しだけジェームスに披露しました。その演技の素晴らしさに驚いたジェームスは「どうして、もう芝居をやらないの？」と素朴な疑問を投げかけます。

「もう状況が変わり、歳をとったからだ」と、さも当然だと言わんばかりに答えるヴォーゲル刑事に向かってジェームスが返す深い言葉です。

長い間隔離され小さな世界しか知らなかったジェームスは、いまだに純粋な子どもの心を持ち続けています。彼にとって、毎日の生活で出会うすべてが新鮮で“激ヤバ”な出来事に違いありません。そして彼は赤ん坊と同じで自分の欲しいものに手を出し、やりたいことに向かいます。興味があるのに他の何かと引き換えにしてあきらめるという大人思考は、ジェームスの心の中にはないのです。

心の欲するままに純粋に楽しむという単純なこと。子どもの頃は、誰もが持っていた当たり前の感情のはずですが、私たちはいつのまにか現実と折り合いをつけてその情熱を失くしてしまいます。大人の階段を昇っていく途中で、大切なモノを手放してしまったりもします。

ジェームスの言葉に“ハッとした人”も多いのでは。そんなアナタは、やり残した大切なモノがある人です。もう一度心の奥底を覗いてみてください。きっとまだ熱い情熱が燻っているはずですよ。

心の欲するままに楽しむ
“童心”を忘れずにいたい

おわりに

希望は
素晴らしい！
希望は
永遠なんだ

これは名作「ショーシャンクの空に」の劇中で、主人公アンディが語るセリフです。

令和2年、新型コロナウイルスの蔓延によって映画業界は大混乱の渦にのみこまれました。世界中で映画の製作がストップ、完成作品も次々と公開を延期。アカデミー賞授賞式までも開催日を変更するという異例の事態となってしまいました。しかし、いつの時代も人々の“希望”を担ってきた映画文化は、そんな苦境にも負けず、すでに“新しいカタチ”へと進化を始めています。

オンラインによる配信スタイルが定着する一方で、一時は衰退していたドライブイン・シアターが復活し始めているという素敵なニュースも耳にします。そして新作映画不在の状況から、旧作品へ改めて注目が集まるという嬉しい現象も起きました。数ある映画作品の中から秀作を厳選すべく「アカデミー賞関連作品」を中心にスポット・ライトを当てた本書がその一端を担い、皆さんにとっての“希望の光”を見出す一助となれば幸いです。

本書の製作にあたり、映画愛に満ちた素敵なイラストを描いてくださったEikaさん、いつも的確なアドバイスで親身にご指導くださった編集担当の吹石佑太さん、そして全面的にサポートをくださった清流出版の皆様に心より感謝いたします。

令和3年 3月　山下トシキ

参考文献

『アカデミー賞記録事典』
監修:筈見有弘・渡辺祥子
キネマ旬報社

『スクリーンが歩んだオスカーの記録　アカデミー賞大全　甦るあの感動』
編集:SCREEN編集部
近代映画社

『なぜオスカーはおもしろいのか?　受賞予想で100倍楽しむ「アカデミー賞」』
著:メラニー
星海社

山下トシキ

日本大学芸術学部映画学科卒業。洋画を中心に作品中の名言を紹介しながら、人生に役立つメッセージとして独自の解釈で読み解く「映画のセリフ・ソムリエ」として活躍中。主な著書に『Beautiful Message ココロに響く映画の名セリフ』（雷鳥社）や、自身の経験を綴った泣き笑いコミック・エッセイ『主夫の花道』（ディスカヴァー・トゥエンティワン）などがある。
eiga.no.kotoba@gmail.com

その悩みの答え、
アカデミー賞映画にあります

人生の扉を開く50の言葉

2021年4月14日　初版第1刷発行

著者　山下トシキ

イラスト　Eika (http://eikaweb.com)
ブックデザイン　西垂水敦・松山千尋(krran)

発行者　松原淑子
発行所　清流出版株式会社
〒101-0051
東京都千代田区神田神保町3-7-1
電話　03-3288-5405
ホームページ　http://www.seiryupub.co.jp/

編集担当　吹石佑太
印刷・製本　シナノパブリッシングプレス

乱丁・落丁本はお取替えいたします。
ISBN978-4-86029-502-8